• sur le plan racial / sexuel, la nature
est définie comme une limite à ne
• pas dépasser.

conception fixiste de la nature

• idéologies politiques reposent sur des
théories sociales et sur un cadre
territorial privilégié.

Antoine Dubiau

Écofascismes

grevis

Dans la même collection :

Paul Mattick,
Les limites de l'intégration, 2021

Henri Lefebvre,
Le manifeste différentialiste, 2020

Raoul Vaneigem,
L'insurrection de la vie quotidienne, 2020

Adrien Brault & Simon Le Roulley,
Pour la Grève, 2019

ISBN : 9782492665042
Éditions Grevis
32, avenue de Creully, 14000 Caen
editionsgrevis@gmail.com
editionsgrevis.com
SIREN : 837 662 857

Politiques de l'écologie

Crise, catastrophe, ravage, désastre, péril ou encore effondrement : les manières contemporaines de désigner la situation écologique actuelle des sociétés humaines sont multiples. Toutes en fondent un récit portant un sens politique particulier, mais elles s'accordent sur la brutale réalité en cours. Sa dimension la plus visible est probablement climatique. Le réchauffement global de l'atmosphère, provoqué par l'accumulation de gaz à effet de serre dans celle-ci, résulte essentiellement de la combustion d'énergies fossiles pour les besoins de certaines activités humaines. D'autres dimensions, parfois plus discrètes, mais tout aussi importantes, accompagnent le réchauffement de la planète. La biodiversité s'effondre également pour une multitude de raisons anthropiques, dans ce qu'il convient désormais d'appeler la sixième extinction de masse. Les pollutions plastiques sont si massives qu'elles ont désormais formé un septième continent au milieu l'océan Pacifique. Les principales réserves d'eau douce se tarissent progressivement, réduisant drastiquement le volume d'eau potable disponible à l'échelle mondiale. Ce panorama écologique pourrait être étendu à l'infini, tant la situation est grave et demande d'ambitieuses réponses politiques. Ces dernières ne forment toutefois pas un bloc, mais sont profondément divisées politiquement.

L'écologie n'est pas (naturellement) de gauche

Le mouvement social de mai 1968 est, à juste titre, fréquemment présenté comme un jalon important de la construction de la gauche française. L'attachement particulier à cette victoire politique, même chez celles et ceux qui ne l'ont pas connue, réside dans les importants acquis sociaux de cette considérable mobilisation. Un aspect moins discuté tient à sa centralité dans l'amorce, puis le développement, de l'écologie politique française[1]. Cette dernière s'est structurée, d'abord, par l'émergence d'une vaste nébuleuse associative

---

[1] Alexis Vrignon, *La naissance de l'écologie politique en France. Une nébuleuse au cœur des années 68*, Presses universitaires de Rennes, 2017.

défendant une autre manière de faire de la politique, en-dehors du champ partisan. Diverses figures du mouvement social y ont rapidement pris part, bon nombre étaient des marxistes hétérodoxes. Des luttes importantes, comme celle sur le plateau du Larzac, ont canalisé et structuré cette nouvelle énergie militante, dont la nouveauté résidait dans son objet écologique comme dans ses formes organisationnelles. L'écologie politique prit une coloration socialiste, et également libertaire, revendiquant non seulement la sortie du capitalisme, mais aussi celle du productivisme, prenant ainsi ses distances avec les régimes communistes, responsables d'importants dégâts écologiques. La pensée écologique francophone hérite alors de plusieurs registres politiques, au rang desquels se trouvent la critique de l'aliénation constitutive de la vie quotidienne[2], la critique de l'emprise de la technique sur la société[3], ou encore la perte du sentiment de la nature, alors

---

[2] Critique que l'on retrouve aussi bien chez les situationnistes que chez Henri Lefebvre, voir Simon Le Roulley, *Introduction à la sociologie d'Henri Lefebvre*, Le Bord de l'Eau, 2021.

[3] François Jarrige, *Technocritiques. Du refus des machines à la contestation des technosciences*, La Découverte, 2016. Ivan Illich, Jacques Ellul, Bernard Charbonneau, André Gorz ou Lewis Mumford comptent parmi les références importantes du courant technocritique.

qu'il serait propre à l'être humain[4]. De ses sources marxistes, l'écologie politique ne reprend pas complètement la méthode du matérialisme historique et sa vision de l'histoire comme lutte des classes : celle-ci apparaît plutôt comme la toile de fond du discours écologiste, sans en être son cœur. L'utopie écologique ressemble toutefois bien à une société sans classes, l'absence de domination entre groupes humains permettant de supprimer toute domination humaine sur la nature. La perspective défendue n'est pas celle d'une harmonie avec la nature, mais plutôt d'une société socialiste faisant preuve de réalisme écologique quant aux effets des activités humaines sur l'environnement, en matière de dégradation des écosystèmes comme d'épuisement des ressources. Figure théorique importante de l'écologie politique naissante, André Gorz reflète le caractère composite du mouvement, en développant de manière très précoce une pensée mêlant marxisme et décroissance. Après le dynamisme des années 70, la déradicalisation de l'écologie politique, entraînée par la professionnalisation de ses formes partisanes,

[4] Bernard Charbonneau, « Le Sentiment de la nature, force révolutionnaire », *Journal intérieur des groupes personnalistes du Sud-Ouest*, 1937. Texte reproduit dans le recueil Bernard Charbonneau et Jacques Ellul, *Nous sommes des révolutionnaires malgré nous*, 2014, Seuil.

n'a pas entamé son image publique : l'écologie apparaît toujours comme la chasse gardée de la gauche, du moins aux yeux de cette dernière.

Toutefois, considérer que l'écologie se situe naturellement (et unilatéralement) du côté des mouvements socialistes, ou même de la gauche, s'apparente à une forme paresseuse d'arrogance. Certes, l'histoire francophone de l'écologie politique rappelée ci-dessus semble fonder cette affirmation, tant sur le plan idéologique que des trajectoires militantes. Pour autant, cette position est arrogante au sens où elle exclut la possibilité même de l'existence d'autres conceptions politiques de l'écologie, au motif que celles-ci ne seraient pas réellement écologistes mais insincères. Les volontés derrière les différents discours s'affichant comme écologistes n'ont pas grand intérêt jamais il ne sera possible d'accéder aux intentions réelles des acteurs politiques, seules sont observables leurs actions, paroles et positionnements. Ce sont ces agissements concrets qui doivent être considérés, dans leurs effets matériels. Malgré son arrogance, cette posture d'une écologie naturellement de gauche est bien pratique, sur le plan discursif, pour délégitimer toutes les autres appropriations politiques de la question écologique. Cela masque toutefois la puissante cohérence idéologique de certaines d'entre elles, qu'elles soient, par exemple, libérales ou fascistes. L'analyse se concentre ici sur les secondes, plus structurées sur le plan théorique que les premières et autrement plus dangereuses pour une partie de la population.

L'écologie, angle mort de l'extrême droite ?

Les sociétés occidentales ont longtemps semblé être (relativement) épargnées par certains dégâts écologiques majeurs, comme les effets du réchauffement climatique ou l'accumulation des déchets ménagers et industriels. Les luttes écologistes contre la pollution ou pour un meilleur cadre de vie ont, pendant longtemps, pu paraître dérisoires pour l'extrême droite française, obnubilée par les questions d'immigration et de sécurité. Que des populations blanches soient désormais des victimes écologiques aurait pu cependant, dans un réflexe raciste, la faire bouger sur la question. Pour l'heure, elle reste davantage préoccupée par la défense du mode de vie occidental dopé aux énergies fossiles que par le ravage écologique en cours. Les énergies carbonées sont en effet considérées comme le socle matériel de la civilisation occidentale, qu'il faudrait défendre à tout prix pour empêcher son délitement, considéré comme ayant déjà commencé. Parfois, parce qu'iels le remettent radicalement en cause, les écologistes feraient même partie des complices de cette destruction à petit feu. Dans sa précieuse somme sur la question, le Zetkin Collective désigne ce positionnement comme un fascisme fossile ou carbofascisme : les défenses de la race blanche et du capital fossile sont politiquement liées l'une à l'autre, pour des raisons historiques et idéologiques[5]. Dans cette partie du spectre politique, le rapport dominant à l'écologie serait ainsi négationniste : rejetant les causes anthropiques du désastre, voire, dans certains cas, la réalité de celui-ci en elle-même.

Si le fascisme fossile domine encore aujourd'hui à l'extrême droite, des formes marginales d'appropriation sincère de la question écologique existent au sein de celle-ci. Reconnaître leur sincérité ne revient pas à les accréditer, mais seulement à considérer ces appropriations comme un véritable danger politique, auquel écologistes comme antifascistes devraient accorder plus d'attention. La marginalité actuelle de ces écologies droitières ne dit rien de leur développement futur, qui pourrait prendre différentes formes (insertion partielle dans le discours dominant de l'extrême droite, réorientation radicale de ce dernier, etc.).

---

[5] Zetkin Collective, *Fascisme fossile. L'extrême droite, l'énergie, le climat*, La fabrique, 2020.

Le problème semble donc mal considéré : l'extrême droite n'a pas intégralement délaissé la question écologique, mais celle-ci reste surtout la grande absente des analyses du fascisme contemporain. Au mieux, la situation environnementale est seulement évoquée comme faisant partie du contexte général du processus de fascisation à l'œuvre dans la société française[6], mais elle n'apparaît jamais elle-même comme un facteur de fascisation, en propre. Prendre au sérieux le danger écofasciste nécessite d'abandonner ce cadrage trop réduit des appropriations politiques de la question écologique. Jeter un regard attentif sur l'écofascisme passe, en premier lieu, par le rejet de la position arrogante plaçant naturellement l'écologie à gauche de l'échiquier politique : cette dernière masque complètement les autres formes d'écologie politique.

Les origines troubles du concept d'écofascisme

Bien qu'elle soit une arme politique courante[7], l'insulte a parfois le défaut d'obscurcir une situation qui mériterait pourtant une analyse précise.

---

[6] Ugo Palheta et Ludivine Bantigny, *Face à la menace fasciste : sortir de l'autoritarisme*, Textuel, 2021.

[7] Thomas Bouchet, Matthew Legget, Jean Vigreux, Geneviève Verdo (dir.), *L'Insulte (en) politique. Europe et Amérique latine du XIXe siècle à nos jours*, Éditions universitaires de Dijon, 2005.

Le terme écofascisme se trouve précisément dans une telle situation. Alors qu'il reste encore relativement peu conceptualisé, il apparaît en effet comme une injure, adressée au camp politique ennemi. Les raisons de ces fréquents procès en écofascisme sont relativement variables, ajoutant à la confusion dans laquelle baigne le terme. Un premier usage, particulièrement abusif, concerne les adversaires de l'écologie sous toutes ses formes : par ses origines politiques et/ou ses mots d'ordre, cette dernière serait fondamentalement fasciste donc écofasciste. Malgré sa fréquence dans l'espace médiatique, cette utilisation ouvertement antiécologiste du terme d'écofascisme apparaît comme complètement caricaturale, sans qu'il n'y ait véritablement besoin de la discuter. Un deuxième usage est celui des écologistes comme des antifascistes : le terme permet ainsi de critiquer une forme particulière d'écologie, considérée comme réactionnaire. Ainsi conçue, l'accusation d'écofascisme cible l'une de ces conceptions réactionnaires de l'écologie : misanthropie, néomalthusianisme ou populationnisme, autoritarisme, effondrisme, décroissance basée sur l'ascétisme, etc. Bien qu'il soit nécessaire de critiquer ces conceptions de l'écologie, un brouillard idéologique ressort malheureusement de ces usages militants de l'écofascisme comme insulte.

Il pourrait sembler recouvrir toutes ces composantes à la fois, mais la présence d'une seule d'entre elles déclenche parfois l'insulte.

Cette confusion autour du concept d'écofascisme trouve peut-être sa source dans ses origines troubles, dans la dynamique écologiste des années 1970. Sa fonction délégitimation semble en effet présente dès le départ, l'écofascisme apparaissant comme déconnecté des formes historiques de fascisme. Bernard Charbonneau est souvent considéré comme le premier à donner un véritable contenu au terme, dans un essai paru en 1980. Pionnier souvent incontesté de l'écologie politique, le philosophe considérait alors que « l'écofascisme a l'avenir pour lui, et il pourrait être aussi bien le fait d'un régime totalitaire de gauche que de droite sous la pression de la nécessité »[8]. Le risque écofasciste semble alors simplement conçu comme une profonde dérive technocratique, sans véritable contenu idéologique. Charbonneau identifie bien certaines caractéristiques doctrinales importantes comme le fait de faire passer la protection de la nature avant les besoins humains ou de développer une métaphore biologique du territoire – ce qui l'amène à considérer que l'écofascisme

---

[8] Bernard Charbonneau, *Le feu vert. Autocritique du mouvement écologique*, L'échappée, 2022 (1980).

« s'apparenterait plus au nazisme qu'à la tragi-comédie mussolinienne ». Ces pistes restent toutefois délaissées par le philosophe, qui fait clairement de l'écofascisme un régime du rationnement face à la simultanéité des catastrophes écologiques et de l'épuisement des ressources naturelles. Cette première définition de l'écofascisme correspond à ses usages antérieurs dans la presse écologiste radicale[9], qui reflétaient probablement les appropriations militantes du terme. Dès 1973, André Gorz posait déjà explicitement l'alternative écologique, dans les colonnes du mensuel *Le Sauvage* : « socialisme ou écofascisme »[10]. Pour le théoricien de l'écologie politique naissante, l'écofascisme apparaît déjà, à la suite de son mentor et ami Ivan Illich, comme un « fascisme technocratique », mais l'analyse proposée faisait surtout de ce dernier le seul moyen de survivance du capitalisme face au désastre écologique. Dans un vocabulaire plus contemporain, l'écofascisme serait alors l'unique voie par laquelle un capitalisme vert pourrait advenir. Il était ainsi déjà question

9 Alexis Vrignon, « Journalistes et militants. Les périodiques écologistes dans les années 1970 », *Le Temps des médias*, vol. 25, n°2, 2015, p. 120-134.

10 Michel Bosquet (André Gorz), « Socialisme ou écofascisme », *Le Sauvage*, juillet-août 1973. Reproduit dans André Gorz, *Écologie et politique*, Galilée, 1975.

de « leur écologie ou la nôtre »[11], c'est-à-dire d'un éclatement manifeste des appropriations politiques, réelles ou possibles de l'enjeu écologique. Un éditorial de l'hebdomadaire écologiste *La Gueule Ouverte* datant de 1977, signé par un certain Arthur, caractérisait également de l'écofascisme comme « une gestion rationnelle et totalitaire de l'univers sous l'empire de la nécessité »[12].

Dès le départ, l'écofascisme apparaît comme complètement déconnecté des fascismes historiques. Le terme reflète surtout une inquiétude largement partagée : celle d'une grave emprise technocratique sur la société et ses besoins. Fondée politiquement, cette peur légitime ne peut toutefois caractériser l'écofascisme à elle seule. Le risque technocratique est bien une composante de celui-ci, mais un véritable contenu idéologique peut également être repéré. Plutôt que de rejeter radicalement les définitions initiales de l'écofascisme, celles-ci peuvent être prolongées, actualisées à partir des recompositions doctrinales du fascisme. En matière écologique, la plupart

---

[11] Texte paru en avril 1974 dans la revue *Le Sauvage* sous le titre « Partage ou crève ! », repris en introduction de son recueil *Écologie et politique*, publié en 1975. Le texte intégral est disponible sur le site du Monde diplomatique.
[12] Arthur, « Fumiers de verts ! », *La Gueule Ouverte*, 8 mars 1977. Reproduit dans Claude-Marie Vadrot, *L'écologie, histoire d'une subversion*, Syros, 1978, p. 104-109.

d'entre elles sont largement postérieures aux premiers usages du concept d'écofascisme : reprocher à ces derniers d'en avoir une définition partielle serait proprement anachronique. En revanche, la difficulté à sortir de ces vieilles conceptions de l'écofascisme apparaît bien comme un problème dont il devient nécessaire de se défaire. Analyser précisément l'histoire de l'écofascisme pour en proposer une définition contemporaine, plus restrictive que celles circulant pour le moment, permettra de prendre pleinement la mesure du risque qu'il représente.

La possibilité de l'écofascisme

Depuis plusieurs décennies, le mouvement écologiste ferait l'objet d'une véritable « équivoque écologique »[13] : il serait partagé entre deux visions divergentes de l'écologie, l'une moderniste, l'autre traditionaliste. La première serait unilatéralement progressiste, attirée par la conquête du ciel. La seconde serait, à l'inverse, conservatrice, intéressée par l'enracinement des personnes et communautés humaines. Réfutant cette lecture trop caricaturale, le mouvement écologiste aurait cherché, comme d'autres avant lui, à tracer une troisième voie vers une société écologique. Certains mots d'ordre

[13] Pierre Alphandéry, Pierre Bitoun et Yves Dupont, *L'équivoque écologique*, La Découverte, 1989.

appellent par exemple au retour à la terre, mais le contenu de ce projet n'aurait rien à voir avec le passé pétainiste de la paysannerie française. Les autres exemples de procès des écologistes en traditionalisme sont nombreux, reflétant le scepticisme dont le mouvement fait l'objet pour une partie de la population, malgré sa bonne dynamique publique et militante. Le positionnement écologiste comme alternative à l'offre politique existante a finalement relégué au second plan la conception traditionaliste de l'écologie : celle-ci n'était qu'une carricature, loin de la réalité du mouvement écologiste. Cela était assurément vrai sur le plan matériel du militantisme, un peu moins sur celui idéel des appropriations politiques du problème écologique. Sans la tenir pour représentative du mouvement, l'écologie traditionaliste peut faire l'objet d'un examen approfondi. Cette vigilance politique permet de considérer sérieusement la possibilité de l'écofascisme, en reconnaissant humblement « la dynamique incertaine et imprévisible des rapports de force sociaux et politiques »[14].

La possibilité de l'écofascisme se situe au croisement de conditions historiques relativement

---

[14] Ugo Palheta, *La possibilité du fascisme. France, la trajectoire du désastre*, La Découverte, 2018.

inédites et de dynamiques politiques très spécifiques. Les premières sont relativement évidentes : elles prennent essentiellement la forme de la situation écologique contemporaine des sociétés humaines, une réalité difficilement occultable aujourd'hui. Les secondes sont autrement plus complexes, parce que moins discutées dans l'espace public comme militant. Deux processus concomitants peuvent être identifiés : la fascisation de l'écologie et l'écologisation du fascisme. La première se définit comme un ensemble de pentes glissantes vers une conception fasciste de l'écologie, dans les approches écologistes courantes. La seconde se rapporte à l'histoire de l'appropriation de l'enjeu écologique par les idéologues fascisants, voire fascistes. La possibilité de l'écofascisme réside ainsi dans la contingence de ces deux processus distincts, au sens où ils nourrissent tous deux une même conception fasciste de l'écologie. Leur identification permet alors de déterminer quelles sont les principales orientations théoriques de l'écofascisme, afin de tuer dans l'œuf sa possibilité.

FASCISATIONS DE L'ÉCOLOGIE

Il est aujourd'hui admis que « le concept de fascisation permet de souligner que se mêlent, dans le fascisme, des éléments de discontinuité et de continuité avec les formes politiques qui le précèdent »[1]. Le fascisme est ainsi conçu comme un processus plutôt qu'un ensemble d'idées, un mouvement et un régime politique figés dans le temps. En se basant sur une multitude d'événements récents, de nouvelles formes de fascisation, spécifiquement contemporaines, peuvent être mises en évidence : la trajectoire de l'institution policière vers une forme de milice d'extrême droite, le traitement inhumain des personnes exilées médiatiquement identifiées comme responsables de tous les maux du pays, etc. Pour la plupart de ces formes contemporaines de fascisation, des

[1] Ugo Palheta et Ludivine Bantigny, *Face à la menace fasciste*, op. cit, p. 72-73.

parallèles historiques avec l'enracinement des régimes fascistes au XXe siècle sont possibles. Les caractéristiques de la crise à laquelle répondent respectivement les fascismes historiques et contemporains ont peut-être changé, mais la réponse qu'ils incarnent reste la même – continuité idéologique, procédés narratifs inchangés, stratégies politiques analogues, etc. Un élément déterminant de la crise actuelle résiste pourtant aux tentatives d'analogie : la crise écologique, dans toutes les formes temporelles et géographiques qu'elle peut prendre. Cette condition particulière de la montée contemporaine du fascisme reste encore peu analysée par les organisations antifascistes ou les universitaires spécialistes de la question, qui en font mention sans étudier ce qu'elle change pour le fascisme. Pourtant, à certains égards, l'attention à l'écologie peut être considérée comme un terreau fertile pour des formes bien particulières de fascisation. Il est ainsi possible de repérer, dans la diversité des discours écologiques contemporains, des éléments de discontinuité et de continuité avec un objet encore mal défini, mais pouvant être désigné comme un véritable fascisme écologique ou écofascisme.

Les formes que prend la fascisation de l'écologie sont multiples. Toutes ne pourront ici faire l'objet d'une analyse approfondie. Seules celles semblant actuellement les plus saillantes et dangereuses seront décryptées, afin d'évaluer leur contribution concrète à la montée de l'écofascisme. Certaines formes de fascisation de l'écologie sont proprement idéologiques. D'autres formes se rapportent à l'écofascisme en tant que mouvement émergent dans la société contemporaine, en posant des principes stratégiques susceptibles d'appuyer l'apparition d'un régime écofasciste. Ce dernier est rarement théorisé directement, mais l'est implicitement par des formes de fascisation particulières, qui comparent l'efficacité écologique des différents régimes politiques. En définitive, les trois manières classiques de concevoir le fascisme – comme idéologie, comme mouvement et comme régime politique, sont couvertes par différentes formes de fascisation de l'écologie dans la société contemporaine.

La fragmentation politique du récit écologique

En écrivant qu'il y avait « leur écologie et la nôtre »[2], André Gorz introduisait une idée fondamentale concernant l'analyse idéologique

---

[2] Texte initialement paru en avril 1974 dans la revue *Le Sauvage* sous le titre « Partage ou crève ! », repris en introduction de son recueil *Écologie et politique*, publié en 1975. Le texte intégral est disponible sur le site du Monde diplomatique.

de la question écologique : celle-ci divise, davantage qu'elle ne rassemble. Les grands appels au rassemblement de l'Humanité derrière une même bannière pour lutter contre la crise écologique étant les mêmes aujourd'hui qu'en 1974, date de publication du texte de Gorz, il semble nécessaire de poursuivre son intuition en mettant en évidence la fragmentation politique de l'écologie. Notion centrale en écologie du paysage, la fragmentation écologique désigne le morcellement géographique de l'habitat de certaines espèces, essentiellement par des activités humaines empiétant sur des espaces naturels (construction de voies de transport, dégradation des sols, étalement urbain, etc.)[3]. La pensée écologique se trouve dans une situation sensiblement analogue, fragmentée par une multitude de situations territoriales (qui appellent toutes des réponses différenciées) et par une diversité de renouvellements d'idéologies préexistantes (dont certains partisans furent sensibles au danger écologique, au point d'impulser une recomposition idéologique). L'introduction de l'enjeu écologique dans les familles politiques apparaît ainsi comme une source supplémentaire de divisions, plutôt qu'un moyen de rassembler sur un problème commun.

---

[3] Richard T.T. Forman et Michel Godron, *Landscape Ecology*, Wiley, 1986.

Le caractère matériel de la crise écologique ne fait pas de celle-ci un donné purement objectif, une base commune dont les différentes idéologies se saisiraient afin de proposer leurs solutions à un même problème. La crise écologique est, certes, une réalité globale partagée par l'ensemble de l'humanité, mais elle fait l'objet de représentations différenciées, socialement mais aussi idéologiquement déterminées. De ces représentations émergent des récits, fondamentalement politiques, sur les sources de la crise écologique elles-mêmes. Ceux-ci ont pour objectif de fixer des futurs, c'est-à-dire d'établir des scénarios sur l'évolution de la situation, à partir desquelles émergent des visions politiques[4]. Ainsi, le problème écologique n'est pas nécessairement de même nature pour qui en fait l'histoire. Pour contrôler le récit de la crise écologique, une véritable « bataille des imaginaires »[5] semble ainsi engagée, confrontant ces différentes appropriations politiques mais également plusieurs niveaux de conceptualisation du problème.

Une conception courante de la crise écologique ne mobilise toutefois pas l'histoire, mais s'ancre

---

[4] Alice Canabate, *L'écologie et la narration du pire. Récits et avenirs en tension*, Utopia, 2021.
[5] Ibid, p. 33-57.

explicitement dans la misanthropie. L'être humain est alors réduit au rôle de destructeur inéluctable de son environnement immédiat. Fréquemment désignée comme écofasciste en raison des solutions politiques sur lesquelles elle est susceptible de déboucher, cette position fataliste ressemble davantage au cache-misère d'une réflexion peu développée qu'à une position mûrement réfléchie sur le problème écologique. L'être humain est en effet considéré comme programmé pour détruire absolument tout ce qui l'entoure : dévaster l'environnement non humain serait littéralement inscrit dans la nature humaine, afin d'en tirer un maximum de ressources exploitables pour garantir le développement de l'espèce. Sur le plan politique, ce raisonnement offre comme seule solution la réduction de la population pour limiter les pressions humaines sur l'environnement. Sa déclinaison démographique n'est cependant qu'une seconde étape, tant cet argument misanthrope semble avancé de manière abstraite. Peu de données scientifiques ou philosophiques sont généralement mobilisées pour le fonder, puisqu'il n'est que le reflet simpliste de l'anthropocentrisme des principales conceptions occidentales de la relation entre les sociétés et leurs environnements. Aucun autre animal que l'humain n'est en effet considéré comme purement destructeur pour son environnement. De très nombreux travaux insistent, au contraire, sur la grande diversité des interactions écologiques entre être vivants d'une même espèce (interactions intraspécifiques), voire entre espèces (interactions interspécifiques). Certaines interactions, souvent mobilisées de manière métaphorique pour fonder des raisonnements politiques réactionnaires, sont régulièrement mises en évidence pour symboliser « comment les choses se passent dans la nature » : prédation, parasitisme, etc. Pourtant, des interactions marquées par la coopération existent également dans la nature, mais font moins souvent l'objet d'analogies politiques : symbiose, mutualisme, etc. La diversité des interactions écologiques dans lesquelles sont impliqués les êtres humains rend plus qu'improbable leur caractère purement destructeur sur le plan écologique, au sens d'une programmation biologique, voire cognitive. Par ailleurs, d'autres travaux insistent sur la difficulté à définir la notion même d'espèce, sur laquelle se fondent pourtant l'essentiel de l'imaginaire collectif sur le fonctionnement du monde vivant et la manière de lutter contre son extinction[6]. Alors qu'ils semble profondément ancré dans les esprits, l'exceptionnalisme humain fait largement débat en matière scientifique, en sciences naturelles

[6] Ursula K. Heise, *Imagining Extinction: The Cultural Meanings of Endangered Species*, University of Chicago Press, 2016.

comme en sciences sociales[7]. Sous le nom plus large et adouci d'anthropocentrisme, il apparaît plutôt comme un postulat fondateur de la pensée occidentale qu'une réalité indiscutable[8]. Son omniprésence dans les représentations culturelles dominantes renforce l'idée d'un être humain surpuissant, qui domine la nature en n'étant capable que de la détruire. Les inclinations écofascistes de ce discours semblent évidentes (supériorité humaine dans la hiérarchie naturelle, intérêt pour la violence envers d'autres êtres). Elles peuvent en effet constituer une pente glissante vers l'écofascisme, s'apparentant ainsi à une fascisation de l'écologie, mais l'humain purement destructeur de son environnement n'est pas, en réalité, une caractéristique majeure de la doctrine écofasciste[9].

De fait, ce ne sont donc pas les humains dans l'absolu qui ne seraient capables que de détruire

---

[7] William R. Catton Jr. et Riley E. Dunlap, « A New Ecological Paradigm for Post-Exuberant Sociology », *American Behavioral Scientist*, n°24, vol. 1, 1980, p. 15-47. Voir également Morgan Jouvenet, « Le laboratoire des animal studies. Nature et culture dans les relations interspécifiques », *Zilsel*, vol. 7, n°2, 2020, p. 161-178.

[8] Val Plumwood, « Human Exceptionalism and the Limitations of Animals », *Australian Humanities Review*, n° 42, 2007.

[9] Celle-ci est spécifiquement analysée dans le chapitre suivant. L'argument de l'humain intrinsèquement destructeur de son environnement n'y apparaît effectivement pas comme un élément structurant.

leur environnement plutôt que de le préserver, mais seulement les humains depuis une certaine date (ou période) à partir de laquelle l'organisation économique, sociale et politique en place entraînerait, structurellement, cette destruction environnementale. Il n'est donc plus question d'une programmation biologique ou cognitive de l'humanité pour cette tâche, mais bien de mécanismes historiquement et socialement déterminés, sur lesquels il est alors possible d'agir. Ce déplacement du problème initial sur le plan historique ouvre inévitablement vers les très nombreux débats sur l'origine de la crise écologique, qu'ils s'ancrent en sciences naturelles et/ou en sciences sociales. Faire appel à l'histoire n'est pas intrinsèquement émancipateur, mais donne la possibilité de construire un récit de la crise écologique débouchant sur des politiques progressistes. La trajectoire du concept d'Anthropocène est particulièrement représentative des débats sur les sources de la crise écologique : pour des raisons scientifiques et politiques, des concepts alternatifs à l'Anthropocène ont été proposés afin de sortir de l'idée d'une responsabilité homogène de l'humanité dans le déclenchement de la crise écologique – le plus célèbre de ces concepts alternatifs à l'Anthropocène est probablement le Capitalocène, plébiscité par les marxistes. Ces contre-récits se sont rapidement multipliés, mettant en évidence différentes facettes de la crise écologique et de son histoire : le Plantationocène visibilise les impacts environnementaux de la colonisation[10], le Technocène concerne les « technologies lourdes et brutales qui lui sont associées et qui remodèlent les milieux de vie et les liens entre humains et non-humains »[11]. La plupart de ces nouvelles narrations s'inscrivent dans une perspective émancipatrice, fondée sur l'adoption du point du vue dominé dans la fabrique de l'histoire, contre les récits dominants de la crise écologique qui visent, au contraire, à verrouiller l'ordre social.

Le recours à l'analyse historique permet de sortir de l'impasse d'une conception de l'humain comme intrinsèquement destructeur de son environnement. Cela n'empêche toutefois pas cette dernière de se maintenir, sous des formes plus discrètes mais qui révèlent toute sa dimension

---

[10] Malcom Ferdinand, *Une écologie décoloniale. Penser l'écologie depuis le monde caribéen*, Le Seuil, 2019. Le concept a initialement été introduit par l'anthropologue Anna Tsing, rapidement repris par Donna Haraway, qui a largement contribué à sa popularisation.

[11] François Jarrige, « De l'innovation héroïque au Technocène. Réflexions sur l'histoire des techniques à l'ère des crises écologiques », *Critical Hermeneutics*, n°3, vol. 1, 2019, p. 171-208. Le concept est introduit par Alf Hornborg, *La magie planétaire : technologies d'appropriation de la Rome Antique à Wall Street*, Divergences, 2021 (2016).

fascisante. Le cadrage populationniste, les théories effondristes, le sacrifice de la démocratie, l'influence du primitivisme, certaines conceptions de la décroissance ou tout simplement le rapport à la modernité d'une partie des écologistes, sont autant de terreaux fertiles pour l'enracinement de récits réactionnaires de la crise écologique. Parce qu'elle est un espace par lequel se réalise la fascisation de l'écologie, cette dimension narrative ne peut être délaissée.

Le cadrage populationniste du problème écologique

La « surpopulation » de la planète est fréquemment présentée comme l'une des causes majeures de la crise écologique. Souvent désignée comme « malthusienne », ou plus justement comme « néo-malthusienne »[12], cette lecture sera ici décrite comme relevant du « populationnisme écologique »[13], mais ces différentes terminologies

---

[12] Joan Martinez-Alier, « Néomalthusiens », p. 275-281, in Giacomo D'Alisa, Federico Demaria et Giorgos Kallis (coord.), *Décroissance. Vocabulaire pour une nouvelle ère*, Le passager clandestin, 2015.

[13] Ian Angus et Simon Butler, *Une planète trop peuplée ? Le mythe populationniste, l'immigration et la crise écologique*, Écosociété, 2014. En France, le terme « populationnisme » renvoie aux politiques natalistes, mais il sera utilisé ici dans le sens que lui donnent Angus et Butler.

recouvrent une même réalité. Depuis les années 60, plusieurs essais avec un fort retentissement ont largement nourri cette conceptualisation courante du problème écologique comme fondamentalement démographique[14]. Le rapport *Limits to Growth* du Club de Rome intègre également la population comme variable parmi d'autres de ses modélisations mathématiques. L'ensemble des dégradations environnementales, de l'urbanisation aux émissions de CO_2 en passant par la consommation de l'eau potable, sont ainsi considérées comme nourries, voire démultipliées, par l'augmentation perpétuelle de la population mondiale. L'argument n'étant généralement pas produit par des démographes, l'évolution de la population globale semble ne pouvoir suivre qu'une courbe exponentielle, laissant logiquement craindre le pire en matière écologique. En réalité, les démographes s'accordent sur plusieurs scénarios de stabilisation de la population mondiale autour de la dizaine de milliards d'habitant·es en 2050, lorsque tous les pays de la planète auront réalisé leur transition démographique[15]. Malgré les connaissances démographiques disponibles, la rationalité néomalthusienne/populationniste présente constamment l'évolution de la population

[14] Paul R. Ehrlich, *The Population Bomb*, Ballantine Books, 1968.

[15] Henri Leridon, « Population mondiale : vers une explosion ou une implosion ? », *Population & Sociétés*, vol. 573, n°1, 2020, p. 1-4.

comme exponentielle, jouant sur l'alarmisme intrinsèque d'une telle projection.

Dans cette analyse centrée sur la démographie, la population mondiale est considérée comme parfaitement uniforme : ce qui compte, c'est le nombre d'humains et non qui ils sont. Le raisonnement se présente alors comme purement statistique. Une formule mathématique proposée par plusieurs scientifiques américains dans les années 70, s'est même imposée : I = PAT[16]. En d'autres termes, l'impact environnemental d'une société humaine (I) est le produit de trois facteurs que sont sa population (P), sa richesse (A, pour *affluence* en anglais) et son niveau technologique (T). Celles et ceux mobilisant cette formule se défendent généralement de considérer la population comme seul facteur de l'impact environnemental, la formule étant effectivement composée de trois variables. Reste que la démographie se maintient comme le facteur, parmi les trois de la formule, le plus cité et considéré dans l'espace public. Des formules plus complexes ont ensuite été construites sur le modèle IPAT, comme l'équation de Kaya, du nom de

[16] John P. Holdren, « A Brief History of "IPAT" (Impact= Population x Affluence x Technology) », *The Journal of Population and Sustainability*, vol. 2, n°2, 2018 (1993), [en ligne].

l'économiste japonais l'ayant élaborée[17]. Là encore, la population n'est pas la seule variable entrant en jeu, mais elle est, à nouveau, l'une des plus citées, voire la plus citée. Cette focale statistique se retrouve également dans l'idée désormais courante de capacité de charge, dans celle d'empreinte écologique ou d'autres concepts présentés comme neutres sur le plan politique. Pourtant, de nombreuses critiques des raisonnements écologiques centrés sur la démographie ont mis en évidence plusieurs biais, notamment racistes et politiques, dans ces analyses.

Un bref détour par l'histoire de la science écologique est nécessaire pour comprendre dans quelle mesure certains praticiens de cette dernière ont mêlé écologie et racisme dans leurs travaux, infléchissant une partie de la pensée écologique en ce sens. Si le biologiste allemand Ernst Haeckel ne peut être considéré comme un véritable précurseur de cette discipline, il reste le créateur du néologisme écologie dont il donnera plusieurs définitions (toutes convergentes) au cours de sa vie[18]. La définition restant probablement la plus efficace et la plus marquante, puisqu'encore mobilisée presque mot pour mot à l'heure actuelle,

---

[17] Yoichi Kaya et Keiichi Yokobori, *Environment, energy, and economy: strategies for sustainability*, United Nations University Press, 1997.

[18] Patrick Matagne, *La naissance de l'écologie*, Ellipses, 2009.

fait de l'écologie « la totalité de la science des relations de l'organisme avec l'environnement, comprenant, au sens large, toutes les conditions d'existence ». L'apparition du terme en 1866 précède de plusieurs décennies l'émergence concrète de la discipline qui prendra le nom d'écologie (scientifique). Le cas d'Ernst Haeckel a son importance : héritier du pangermanisme et de ses théories raciales qu'il a remaquillées en darwinisme, le biologiste est fréquemment cité comme ayant compté parmi les sources scientifiques de la doctrine pseudo-biologique nazie[19]. Cette origine de la discipline écologique ne peut pas sérieusement déboucher sur une stricte association entre celle-ci et le nazisme, toutefois l'histoire de la discipline ne peut être oubliée. Bien après la mort d'Ernst Haeckel, l'écologie scientifique s'est surtout organisée autour de théories à forte dimension statistique : la capacité de charge d'un milieu, qui désigne le « nombre maximal [ou optimal] de populations ou d'individus d'une espèce particulière qu'un milieu donné peut supporter indéfiniment, sans se détériorer et en maintenant ces populations ou individus en bon état »[20].

---

[19] Daniel Gasman, *The Scientific Origins of National Socialism: Social Darwinism in Ernst Haeckel and the German Monist League*, Elsevier, 1971.

[20] Patrick Triplet, « Capacité de charge », p. 193, in *Dictionnaire encyclopédique de la diversité biologique et de la conservation de la Nature*, (8ème édition), [en ligne].

Malgré une certaine pertinence logique, la capacité de charge d'un milieu est très difficile à déterminer en pratique, expliquant son relatif délaissement par les écologues, qui lui ont préféré des outils plus précis. Elle repose en effet sur une conception linéaire de l'évolution des écosystèmes, un paradigme abandonné à l'heure actuelle, au profit de modélisations écosystémiques basées sur la théorie des systèmes complexes.

Après son relatif abandon par les écologues, la notion de capacité de charge s'est exportée dans les analyses écologistes, en concernant cette fois-ci l'espèce humaine en elle-même. Cette dernière est alors considérée comme une population uniforme, dont les individus seraient identiques, avec les mêmes impacts écologiques, donc les mêmes responsabilités. Seul l'effectif pur est considéré, sans qu'aucune attention ne soit accordée à sa structure sociale et à ses conditions politiques d'existence. Cette conception de l'écologie ne laisse donc apparaître qu'un seul facteur sur lequel jouer : l'effectif lui-même, la population apparaissant ainsi comme le problème et la solution à la fois. Résoudre la crise écologique passerait nécessairement par une réduction de la population humaine, qui réduirait mécaniquement l'impact environnemental de l'humanité dans son ensemble. Cette lecture des rapports sociétés-écosystèmes inspirée d'anciens paradigmes de l'écologie scientifique ne s'intéresse pas aux véritables interactions entre humains et non-humains, mais seulement à la quantification. D'une certaine manière, elle accrédite le récit précédemment analysé d'un être humain intrinsèquement destructeur de son environnement.

Une figure célèbre illustre parfaitement les possibles usages politiques réactionnaires de concepts issues de la science écologique : Garrett Hardin, auteur d'un article sur la supposée tragédie des communs en 1968, dans la revue *Science*[21]. La thèse défendue dans cet article reposait sur l'idée d'une incompatibilité fondamentale entre la propriété commune et la durabilité environnementale. Par une expérience de pensée, Garrett Hardin y montrait que la gestion commune des pâturages était néfaste pour leur conservation, en comparaison de leur gestion privée. En effet, dans le cas de pâturages comme biens communs, les éleveurs y faisant paître leurs bêtes ne se préoccuperaient pas des effets de leurs activités sur celles des autres usagers des pâturages. Cette négligence structurelle entraînerait alors la dégradation des pâturages en question. Fondée sur

[21] Garrett Hardin, « The Tragedy of the Commons », *Science*, vol. 162, n°3859, p. 1243-1248.

d'importants biais politiques[22], cette thèse simpliste fut largement détricotée par nombre de chercheur et de chercheuses, dont Elinor Ostrom, récompensée par le prix de la banque de Suède en sciences économiques (considéré, de manière informelle, comme le prix Nobel d'économie) pour ses travaux sur la gouvernance des biens communs[23]. Malgré ces justes critiques, l'écologue américain est devenu, à la suite de son article de 1968, une référence majeure pour nombre d'écologistes. Parallèlement à sa carrière scientifique reconnue, Garret Hardin menait par ailleurs des activités militantes au sein de milieux nationalistes blancs[24] : il mobilisait ainsi des concepts écologiques pour justifier son rejet de l'immigration et ses positions néomalthusiennes. Cette connexion n'est cependant pas un hasard, puisque l'inquiétude démographique caractéristique du

---

[22] Ceux-ci sont nombreux et impossibles à exposer ici de manière exhaustive, mais ils illustrent l'évidente faiblesse conceptuelle du raisonnement conduit par Hardin. Voir David Harvey, « The Future of Commons », *Radical History Review*, n°109, 2011, p. 101-107.

[23] Alice Le Roy, « Des communs sans tragédie : Elinor Oström vs. Garrett Hardin », *EcoRev'*, vol. 39, n°1, 2012, p. 24-27.

[24] Le Southern Poverty Law Center a consacré une biographie en ligne au biologiste américain sur son site internet, en n'omettant pas ses activités politiques, contrairement à d'autres biographies du scientifique.

populationnisme écologique imprégnait déjà les thèses de Garret Hardin sur la tragédie des communs[25].

Le raisonnement statistique sur le problème écologique n'est pas complètement dénué de sens sur le plan logique : moins d'individus entraînement moins d'impacts environnementaux. Il offre ainsi une certaine représentation de la situation, permettant de modéliser l'évolution passée et parfois future de certains socioécosystèmes, à différentes échelles. Ces outils sont évidemment précieux, comme le sont les modélisations du système climatique pour lutter contre le réchauffement global. Leurs biais sont toutefois importants, puisqu'ils éludent souvent les inégalités sociales et l'histoire politique de leur construction. Alors qu'elle pourrait les prendre en compte, l'approche statistique ne leur laisse finalement que peu, voire pas, de place explicative. En effet, la démographie n'est généralement qu'une variable parmi d'autres dans les raisonnements écologiques purement statistiques, mais elle reste la plus mise en avant. De fait, la surpopulation apparaît toujours comme le principal moteur de la crise écologique. Ce cadrage quasi systématique du péril environnemental sous

[25] Fabien Locher, « Les pâturages de la Guerre froide : Garrett Hardin et la tragédie des communs », *Revue d'histoire moderne & contemporaine*, vol. 60, n°1, 2013, p. 7-36.

l'angle démographique peut être désigné comme un populationnisme écologique, selon lequel «il y a trop de monde sur Terre et qu'aucune solution [écologique] n'est réellement envisageable si les humains ne réduisent pas leur nombre d'une manière ou d'une autre »[26]. Les défenseurs de ce projet peuvent parfois en défendre une version bienveillante, mais les cibles du populationnisme écologique seront de fait les populations dominées, à tous les niveaux au sein des sociétés occidentales, mais également des sociétés sous domination coloniale dans leur globalité.

Le cas de Garrett Hardin évoqué précédemment n'est pas isolé. Au contraire, le racisme se reconfigure largement dans la pensée écologique, de plusieurs manières. Les approches démographiques de la crise environnementale apparaissent même comme un terreau particulièrement fertile pour ces reconfigurations parmi les écologistes populationnistes. Lorsque ceux-ci annoncent une chute de population (choisie ou subie) pour des raisons écologiques, les groupes humains susceptibles de disparaître violemment ne sont jamais ceux, blancs, d'Amérique du Nord ou d'Europe de l'Ouest, mais ceux, racisés, présents dans le reste du monde. Parfois, cette association relève

---

[26] Ian Angus et Simon Butler, *Une planète trop peuplée*, op. cit.

avant tout d'un impensé, produit de l'imaginaire raciste dans lequel baignent encore les sociétés occidentales contemporaines et du cadre populationniste de la crise écologique actuellement en cours. Cet impensé n'est absolument pas une excuse, mais se distingue d'autres situations où la nécessité écologique d'une disparition d'une partie des sociétés non occidentales est presque théorisée[27]. Cette dernière nourrit directement la doctrine écofasciste, lui apportant une justification d'apparence scientifique, malgré sa construction largement biaisée sur le plan politique.

Le populationnisme écologique pose précisément problème par la priorité qu'il accorde naturellement à la lecture démographique de la crise écologique, débouchant naturellement sur un « solutionnisme démographique »[28]. Défendre la diminution de la population empêche de considérer sérieusement les autres dimensions de la crise en cours, car les fondements de celle-ci seraient indiscutablement démographiques : il faut obligatoirement valider le principe d'une diminution (voire d'une chute) démographique, avant que les

---

[27] Dave Foreman, *Confessions of an Eco-Warrior*, Crown Trade Paperbacks, 1991, p. 57.

[28] Marius Bickhardt, « Le problème de la surpopulation de Malthus à Marx. La théorie marxienne de la 'surnumérisation relative' comme modèle heuristique à l'ère de l'Anthropocène », Intervention à l'Université de Liège, 25 février 2022.

autres questions puissent être abordées. Le cadrage populationniste fonctionne ainsi comme un puissant outil permettant de délégitimer toute approche non démographique du problème écologique. L'inverse, c'est-à-dire une lecture démographique faisant suite à une lecture sociale et politique de la crise écologique, serait pourtant plus pertinent : la logique systémique de la situation serait alors mise en évidence avant d'être quantifiée, limitant ainsi les biais sociaux et politiques propres à l'objectivation statistique.

Tous les raisonnements s'inscrivant dans le cadre tronqué du populationnisme écologique ne sont pas écofascistes. Alors que leur dimension raciste est incontestable, elle est rarement assumée comme telle, reléguée dans des formes implicites, voire inconscientes. En ce sens, le populationnisme écologique n'est pas écofasciste en lui-même, mais il légitime une lecture raciste du problème écologique, qui constitue effectivement l'une des bases de l'écofascisme. Un autre élément liant populationnisme écologique et écofascisme réside dans les réponses politiques proposées face à la surpopulation comme principal problème écologique : bien qu'elles visent toutes deux une diminution de la population, le moralisme antinataliste et le terrorisme islamophobe ne peuvent être considérés comme deux armes au service d'un même projet politique. Si le premier s'égare dans de naïves considérations démographiques[29], il n'est pas une mise en acte d'un discours écologique de nature génocidaire.

Les positions populationnistes sont fréquemment considérées comme écofascistes dans les analyses et discours progressistes. Cette association n'est pas complètement infondée mais masque la large présence du populationnisme écologique dans l'espace public : l'inquiétude concernant la surpopulation est assurément une caractéristique que les écofascistes partagent avec nombre d'autres familles politiques, qu'elles soient écologistes ou non. La critique du populationnisme (ou du néo-malthusianisme) devrait ainsi reposer sur d'autres arguments que sa réduction à l'écofascisme, qu'il nourrit, mais qu'il ne résume pas.

L'effondrisme comme « grand attracteur »

Parmi les principaux récits de la crise écologique, celui annonçant ni plus ni moins qu'un effondrement de la civilisation thermo-industrielle à plus ou moins court terme (dans les décennies, voire dans les années à venir) mérite une analyse

---

[29] Emmanuel Pont, *Faut-il arrêter de faire des enfants pour sauver la planète ? Entre question de société et choix personnel*, Payot, 2022.

approfondie. L'effondrement se définirait alors comme « le processus à l'issue duquel les besoins de base (eau, alimentation, logement, habillement, énergie, etc.) ne sont plus fournis (à un coût raisonnable) à une majorité de la population par des services encadrés par la loi »[30]. Reposant sur cette définition qui fait relativement consensus, ces discours dits effondristes sont des réagencements d'éléments classiques dans les pensées écologiques plutôt que des nouveautés radicales [31]. Plus récemment, plusieurs best-sellers ont contribué à populariser des théories de l'effondrement écologique, comme celui de Jared Diamond qui réhabilite le déterminisme environnemental/géographique en relatant la disparition de certaines sociétés en raison des trop fortes pressions qu'elles auraient exercées sur leurs environnements[32].

En France, l'émergence de la collapsologie au milieu des années 2010 a donné un nouveau souffle aux théories effondristes dans l'espace public[33].

---

30 Yves Cochet, *Devant l'effondrement. Essai de collapsologie*, Les Liens qui Libèrent, 2019.

31 Luc Semal, *Face à l'effondrement. Militer à l'ombre des catastrophes*, PUF, 2019.

32 Jared Diamond, *Effondrement. Comment les sociétés décident de leur disparition ou de leur survie*, Gallimard, 2006.

33 Pablo Servigne et Raphaël Stevens, *Comment tout peut s'effondrer. Petit manuel de collapsologie à l'usage des générations présentes*, Le Seuil, 2015.

Une multitude de publications, de contenus audios et vidéos mais aussi de communautés en ligne ont ainsi vu le jour, très rapidement, rassemblant des profils sociologiques divers, mais parmi lesquels les cadres dominent[34]. Cette dimension communautaire a notamment joué un rôle dans de profondes reconversions professionnelles, dont le cas le plus spectaculaire est l'installation néorurale d'anciens ménages urbains de cadres dans de grandes entreprises. Ce stéréotype masque d'autres effets des thèses collapsologiques sur leurs adeptes : elles sont, pour beaucoup d'entre elleux, une source de motivation pour l'action collective. Parfois, après l'avoir ardemment défendu lors d'une phase de d'autoconscientisation de la gravité de la situation, certain·es finissent par abandonner le prisme collapsologique pour lui préférer des lectures ouvertement politiques de la crise écologique. Le fondateur et principale figure de la collapsologie, Pablo Servigne, assumait en effet de renoncer à la critique de l'ordre social, pourtant constitutive de tout discours politique progressiste, pour rester inclusif vis-à-vis de celles et ceux

[34] Cyprien Tasset, « Altérités effondristes et diplomaties sociologiques. Faire atterrir socialement le public de l'effondrement », in Paul Cary, Yann Le Lann et Nadia Garnoussi (dir.), *Questionner l'effondrement. Collapsologie, pratiques et mobilisations citoyennes*, Presses Universitaires du Septentrion, 2022.

réticentes à embrasser les discours critiques[35]. Il s'agit presque d'un apolitisme stratégique, fondé sur l'euphémisation du véritable projet politique porté par les actions de terrain constitutives des initiatives de transition développées au Royaume-Uni.

Les thèses collapsologiques s'apparentent à un véritable verrouillage scientiste[36] du récit de la crise écologique. Elles reposent sur une interprétation réductrice, car déterministe, du fonctionnement des systèmes complexes[37], selon laquelle, si une partie du système s'effondre, alors la complexité de ses liens avec les autres parties du système entraîne également l'effondrement de celles-ci, provoquant, au final, l'effondrement du système dans son entièreté. D'apparence logique[38],

[35] Christian Jonet et Pablo Servigne, « Initiatives de transition : la question politique », *Mouvements*, vol. 75, n°3, 2013, p. 70-76.

[36] twoinou, « La collapsologie ou la critique scientiste du capitalisme », *Perspectives Printanières*, 2019, [en ligne].

[37] Catherine Larrère et Raphaël Larrère, *Le pire n'est pas certain. Essai sur l'aveuglement catastrophiste*, Premier Parallèle, 2020.

[38] L'analyse collapsologique fonctionne comme une « axiomatique autonome », c'est-à-dire comme un mode d'analyse et d'action à la fois autoréférencé et autovalidé, qui n'a plus de compte à rendre à la réalité, voir Francis Chateauraynaud et Josquin Debaz, *Aux bords de l'irréversible. Sociologie pragmatique des transformations*, Éditions Petra, 2017.

cette thèse ne semble toutefois pas correspondre aux principaux enseignements des sciences des systèmes complexes, qui montrent au contraire que la complexité échappe au strict déterminisme, symbolisé par une fausse conception de l'effet papillon : dans de nombreux cas, il semble surtout difficile de déterminer les rétroactions à l'avance [39].

L'effondrement est ainsi présenté comme le résultat inéluctable de prédictions scientifiques convergentes, issues de multiples disciplines. Ce faisant, la théorie collapsologique réduit le champ des possibles, ou plutôt, elle ne l'ouvre qu'après l'effondrement. Elle fonctionne comme un grand attracteur agrégeant toutes sortes d'oppositions à la société industrielle[40], dont les motivations sont pourtant loin d'être convergentes. Un puissant récit effondriste en résulte, difficile à contourner pour les autres écologistes qui ne se reconnaissent pas dans ce qu'est censée décrire l'idée d'effondrement. La collapsologie s'apparente presque à une confiscation du débat : reconnaître qu'un effondrement est en cours est devenu un gage de crédibilité écologique. Contester ce récit effondriste est rapidement assimilé à une négation du

---

[39] Jean-Pierre Dupuy, « Simplismes de l'écologie catastrophiste », Analyse Opinion Critique, 2019, [en ligne].
[40] Catherine Larrère et Raphaël Larrère, *Le pire n'est pas certain*, op. cit.

désastre écologique et de ses conséquences pour les sociétés humaines. Pourtant, de nombreuses critiques légitimes existent sur le concept d'effondrement, dont l'occidentalocentrisme apparaît évident : la matérialisation du désastre écologique dans un événement unique à venir (le fameux effondrement) occulte complètement que la catastrophe est déjà là sur une large partie du globe, touchant durement des populations humaines, par ailleurs tenues à distance des bénéfices du progrès par les puissances occidentales. Cette occultation n'est toutefois pas un manquement des théories collapsologiques, elle en constitue même l'un des cœurs idéologiques puisque les différentes nuances apportées à la conception de l'effondrement comme événement unique ne réussissent pas, en définitive, à bousculer l'usage du terme comme désignant un événement unique. L'attraction du récit est trop importante, piégeant même les collapsologistes qui souhaiteraient sortir de l'occidentalocentrisme des thèses qu'iels défendent.

Ce récit effondriste souscrit complètement au cadrage populationniste de la crise écologique, selon lequel, la chute de la civilisation thermo-industrielle entraînera la mort de très nombreux êtres humains. Cette réduction brutale de la population est alors considérée comme une condition indispensable de la reconstruction d'une société plus écologique que celle s'étant effondrée. L'occidentalocentrisme de la collapsologie se reproduit à nouveau ici, les populations réellement susceptibles de périr à cause dudit effondrement étant les mêmes populations non occidentales que celles qui subissent d'ores et déjà le ravage écologique ayant cours à la surface de la planète. Dans le récit effondriste, ces populations dominées sont implicitement considérées comme sacrifiables, si cela est nécessaire pour qu'un monde meilleur émerge ensuite. Ce caractère sacrifiable d'une partie de la population mondiale n'est pas théorisé en propre par les principales figures de la collapsologie, mais l'association entre personnes racisées et groupes humains surnuméraires est (peut-être involontairement) réalisée dans les récits de l'effondrement. Ce sacrifice est initialement présenté comme une peine, mais sa prétendue nécessité écologique permet aux défenseurs des thèses effondristes de passer outre.

Le scientisme n'est donc pas le seul problème politique que pose la collapsologie. Celle-ci repose également sur deux tendances miroirs permettant de donner du sens aux prédictions scientistes qui paraissent inéluctables, ou plutôt, elles permettent de les accepter, dans son for intérieur. La première tendance s'apparente à une forme d'écopsychologie, conçue comme une synthèse de la psychologie et des préoccupations écologiques[41]. Il serait nécessaire, pour les personnes se sentant concernées par le ravage de la planète, de digérer leur désespoir environnemental en acceptant de perdre une partie du monde qu'elles ont connu jusqu'ici, ce qui revient à « faire le deuil d'un monde qui meurt »[42]. En d'autres termes, l'objectif consiste à atteindre un nouveau stade de conscience devant la réalité écologique contemporaine, en prêtant attention à celle-ci sans sombrer dans la pure angoisse. Justifiée par la psychologie, cette transition intérieure est, en pratique, investie d'une évidente dimension spirituelle, faisant le lien avec l'écospiritualité, la seconde tendance, littéralement conçue pour répondre aux inquiétudes écopsychologiques. L'écospiritualité n'est pas unique, mais se concrétise plutôt dans une multitude de démarches écologiques d'ordre spirituel, qui revendiquent la communion entre les êtres humains et

---

[41] Mohammed Taleb, « Écopsychologie : un nouveau paradigme aux racines profondes », p. 73-82, in Aurélie Choné, Isabelle Hajek et Philippe Hamman (dir.), *Guide des humanités environnementales*, Presses universitaires du Septentrion, 2016.

[42] Jean Chamel, « Faire le deuil d'un monde qui meurt. Quand la collapsologie rencontre l'écospiritualité », *Terrain*, n°71, 2019, [en ligne].

la nature[43]. Celles-ci se présentent comme relativement ouvertes, en dehors des dogmes religieux. Ces derniers sont en effet considérés comme trop rigides par rapport à la fluidité propre à la nature, ne pouvant finalement que nuire à celle-ci. Au contraire, il faudrait se soumettre aux lois de cette nature, accepter la petite place de l'espèce humaine au sein du monde naturel. La diversité des formes d'écospiritualités rend ici difficile leur appréhension d'un seul et même geste. En revanche, leur fonction politique peut tout à fait être décryptée conjointement à celle de l'écopsychologie, à laquelle les démarches écospirituelles répondent.

Adossé à l'une ou l'autre de ces deux tendances selon les sensibilités personnelles, l'effondrement apparaît alors comme un événement salvateur, réalisant lui-même ce qui est considéré comme nécessaire pour construire une nouvelle société plus écologique mais qu'aucun gouvernement n'était en capacité de mettre en œuvre : la disparition tragique des populations humaines surnuméraires pour revenir à une humanité moins nombreuse, la mise hors service des infrastructures matérielles modernes jugées polluantes et destructrices de

[43] Aurélie Choné, « Écospiritualité », p. 59-71, in Aurélie Choné, Isabelle Hajek et Philippe Hamman (dir.), *Guide des humanités environnementales*, Presses universitaires du Septentrion, 2016.

l'environnement, le retour des limites imposées par de supposées lois de la nature. L'effondrisme s'ancre en effet dans une vision fataliste des possibilités de résolution, même partielle, de la crise écologique : les profonds basculements sociaux et politiques nécessaires pour redresser la barre ne pourront jamais être conduits démocratiquement, faisant de leur réalisation par la nature la seule issue possible et plausible.

Il est délicat d'évaluer la contribution des thèses effondristes à la fascisation de l'écologie. La collapsologie s'ancre initialement dans l'hémisphère gauche du champ politique, aussi bien par l'origine partisane de ses fondateurs que par les premiers espaces et médias au sein desquels ces thèses ont circulé. Toutefois, le récit effondriste ne nourrit pas seulement un imaginaire politique progressiste, bien au contraire. Une partie de l'extrême droite s'est en effet approprié le concept d'effondrement, en ne considérant plus sa dimension civilisationnelle sur le plan des infrastructures matérielles (ce que désigne l'idée de civilisation thermo-industrielle) mais sur le plan ethnique (comme l'indique son projet de défense de la civilisation européenne)[44]. Cette forme d'effondrisme s'apparente plutôt à des formes guerrières

---

[44] Dmitry Orlov, *Les cinq stades de l'effondrement : guide du survivant*, Le retour aux sources, 2016.

de survivalisme, en réponse à une fantasmée guerre civile aux accents écologiques. Cet héritage particulier de l'emballement collapsologique ne peut être évacué d'un simple revers de main : le succès médiatique du concept d'effondrement a directement nourri des conceptions réactionnaires de l'écologie, en particulier chez des militants suprémacistes n'ayant pourtant pas d'appétence initiale pour le problème écologique. L'imaginaire de l'urgence installé par les théories collapsologiques a pu, auprès d'un certain public, brouiller les raisons de l'urgence écologique ; l'effondrement lui est alors apparu comme le concept agrégateur des différentes crises en cours. Il est ainsi une plaque tournante entre des matrices politiques très différentes, ayant pour point commun l'anticipation de ruptures de la normalité. En d'autres termes, la collapsologie nourrit bien, sûrement malgré elle, la fascisation de l'écologie, au moins sur le plan narratif.

L'écologie n'est pas (naturellement) démocratique

Depuis la constitution du mouvement écologiste dans les années 70, c'est l'argument privilégié de ses nombreux ennemis politiques : l'écologie politique serait par nature hostile à la démocratie. Dans cet argument, la démocratie est souvent réduite à sa forme moderne dominante[45], c'est-à-dire libérale et représentative (pour ne pas dire délégataire)[46]. La faiblesse de cette attaque réside précisément dans cette réduction de la démocratie à sa forme libérale tronquée, qui empêche de percevoir la nature démocratique de nombre de théories écologistes[47]. Ainsi, dans la bouche des chiens de garde (qu'ils soient journalistes, éditorialistes ou intellectuels) du pouvoir bourgeois, l'écologie serait antidémocratique parce qu'elle s'attaquerait aux libertés individuelles telles qu'elles se présentent dans un régime libéral moderne. Parce qu'elles voudraient imposer un mode alimentaire, limiter la liberté de déplacement des personnes ou interdire l'entreprenariat, les organisations écologistes sont accusées de promouvoir une nouvelle forme de totalitarisme[48], qui s'immiscerait jusque dans la vie quotidienne et privée de la population, ciblant

---

[45] Francis Dupuis-Déri, *Démocratie. Histoire politique d'un mot*, Lux, 2013.

[46] Mouvement Utopia, *Démocratie ? Idées reçues et propositions*, Utopia, 2018.

[47] Elle est au cœur de la pensée d'auteurs majeurs de l'écologie politique comme André Gorz ou Murray Bookchin.

[48] L'argument revient régulièrement dans la bouche d'intellectuels médiatiques et autres éditorialistes, comme Pascal Bruckner, Pascal Perri ou Ferghane Azihari récemment.

notamment son mode de vie. Plus fondamentalement, l'écologie serait une pensée hostile aux idées des Lumières, lesquelles apparaissent surtout comme une référence historique ou philosophique bien pratique, rarement fondée mais plutôt instrumentalisée[49]. Cette critique n'est pas seulement caricaturale, puisqu'elle repose, plus fondamentalement, sur une conception particulière de la liberté, avec laquelle ne sont effectivement pas compatibles les préoccupations écologiques[50]. La tâche des écologistes consiste dès lors à montrer que la démocratisation radicale (comprise comme les institutions d'une autonomie collective) de la société implique l'écologie radicale (lutte contre la domination sur la nature).

Ignorer les caricatures de l'écologie politique ne doit pas faire perdre de vue les discours écologistes autoritaires qui se développent conjointement à l'intensification des bouleversements écologiques. Ces derniers se fondent sur deux arguments qui pourraient, à première vue, sembler relever du bon sens pour une partie de la population :

---

[49] Antoine Lilti, *L'Héritage des Lumières. Ambivalences de la modernité*, Le Seuil, 2019.

[50] Pierre Charbonnier, *Abondance et liberté. Une histoire environnementale des idées politiques*, La Découverte, 2020.

- *Les systèmes démocratiques modernes présenteraient un problème de temporalité face à la crise écologique*[51]*. En premier lieu, ils seraient pris au piège dans un fonctionnement court-termiste, imposé par le dense calendrier électoral qui rythme la vie publique. Quel que soit leur bord politique, le corps des élu·es est uniformément considéré comme incapable de conduire des politiques pérennes, pourtant nécessaires en matière environnementale. En second lieu, même débarrassées du court-termisme, les démocraties libérales seraient trop lentes pour conduire les politiques environnementales nécessaires pour répondre à la situation critique que connaissent actuellement les sociétés humaines. L'organisation parlementaire de la décision politique représenterait un frein incompressible à une action rapide, alors que la crise écologique s'aggrave continuellement.*
- *Les principaux effets des libertés civiles et politiques offertes par les démocraties libérales résideraient dans des dégradations écologiques de diverses natures. En d'autres termes, le traitement politique du problème écologique se résumerait à une alternative : maintenir le régime libéral garantissant les libertés individuelles, mais prolonger le désastre écologique ou résoudre/contenir le ravage de la planète, mais sacrifier la démocratie*

[51] Bruno Villalba, « L'écologie politique face au délai et à la contraction démocratique », *Écologie & politique*, vol. 40, n°2, 2010, p. 95-113.

libérale. Autrement dit, l'écologie ne pourrait qu'être autoritaire, en raison des problèmes en face desquels elle pose les sociétés humaines.

Grâce à ces arguments, certes simplistes, mais –reconnaissons-le, efficaces, l'idée d'un régime écologique autoritaire s'est imposée comme la seule réponse à la fois réaliste et efficace à la crise écologique dans l'imaginaire collectif, balayant tous les projets politiques écologistes de nature démocratiques. Son hégémonie est telle que certains et certaines en viennent même à penser que c'est le seul type de régime politique écologiste qui a une chance d'être établi un jour. Deux principaux arguments en faveur de régimes écologiques autoritaires répondent ainsi aux deux critiques, rappelées précédemment, formulées à l'encontre des démocraties libérales :

- *Parce que le pouvoir y est concentré entre les mains d'une élite qualifiée et compétente, les régimes écologiques autoritaires seraient en capacité de répondre plus rapidement mais aussi plus efficacement à la crise écologique que les démocraties libérales. Le court-termisme du cycle électoral comme la lenteur du système parlementaire ne seraient en effet plus des obstacles car démantelés.*

- *Les populations humaines ne seraient pas capables de se restreindre d'elles-mêmes – dans leur consommation, par exemple. Le seul moyen de limiter leur impact environnemental résiderait alors dans la contrainte, d'où la supposée nécessité de les restreindre strictement au moyen d'un régime écologique autoritaire.*

Une tentation autoritaire anime ainsi une frange non négligeable des écologistes, dont beaucoup trop reconnaissent la force logique des arguments précédents pour résoudre le problème écologique, sans y adhérer stratégiquement pour autant. Cette tentation pour l'écologie autoritaire se concrétise par exemple dans la proposition d'un état d'urgence écologique. Celle-ci se présente initialement comme un détournement du concept sécuritaire d'état d'urgence pour répondre à une urgence réelle : pas la sécurité, mais l'écologie. Les paragraphes précédents ont détaillé quelques grandes raisons de la possible adhésion d'une partie de la population à un tel principe d'écologie autoritaire. La forme concrète de l'état d'urgence écologique ne semble toutefois pas très détaillée : il s'agit plutôt d'un slogan efficace que d'un modèle de régime écologique. La nature sécuritaire des états d'urgence déployés jusqu'ici laisse craindre le pire pour la forme que pourrait prendre un état d'urgence écologique. Rien n'indique qu'il suivrait, pour des raisons écologiques, un autre chemin. Les quelques esquisses récentes d'état d'urgence écologique précisent certaines caractéristiques que celui-ci pourrait prendre : agrandissement du ministère de l'écologie et nomination d'un « Premier ministre bis » chargé de la cohérence écologique de l'action gouvernementale et disposant d'un droit de veto sur toute politique du pouvoir exécutif[52]. La pro position est même complétée de la création d'une « armée verte[53] » chargée de faire respecter les mesures écologiques et les quotas de ressources que peut prélever la collectivité.

L'écologie totalitaire n'est pas qu'une proposition sur le papier, que peuvent facilement caricaturer ses adversaires. Elle est également un risque contenu dans l'évolution technocratique des démocraties libérales : plus de place est toujours laissée à l'expertise plutôt qu'à la véritable démocratie comme expression des aspirations populaires. Le risque est de voir émerger une véritable expertocratie où une classe d'experts gouvernerait selon ses spécialités[54]. Telle est l'aspiration d'une partie des écologistes espérant voir un·e climatologue au ministère de l'Écologie

---

[52] Mark Alizart, *Le coup d'état climatique*, PUF, 2020.
[53] Ibid.
[54] André Gorz, « L'écologie politique entre expertocratie et autolimitation », *Actuel Marx*, vol. 12, n°2, 1992, p. 15-29.

et un·e chercheur·se à l'enseignement supérieur. Cette expertocratie s'inscrit en réalité dans le prolongement de tendances lourdes des régimes dits démocratiques, mais au sein desquels le recours à l'expertise est déjà massif, notamment lorsqu'il permet de réduire au silence les véritables aspirations démocratiques de la population. Des propositions très concrètes, comme celle de carte carbone, sont fréquemment présentées comme des dispositifs efficaces sur le plan climatique[55]. Probablement de bonne foi, leurs concepteurs et conceptrices y voient généralement un outil politique innovant, aux fortes potentialités redistributives et passent ainsi à côté du cadre technocratique/expertocratique nécessaire à la mise en œuvre d'un tel dispositif. Celui-ci serait nécessairement imposé par en-haut, sans prendre en compte la diversité des situations concernées par ses restrictions. En faisant abstraction des impératifs économiques qui orientent inévitablement l'action gouvernementale, même toute la bonne volonté ne suffirait pas à prendre en considération toutes les inégalités et leurs spécificités : une carte carbone avec un objectif progressiste prendrait probablement, pour point de départ, les inégalités

[55] Mathilde Szuba, « La carte carbone : des quotas d'énergie pour les particuliers », p. 161-187, in Séverine Frère et Helga-Jane Scarwell, *Éco-fiscalité et transport durable : entre prime et taxe ?*, Presses universitaires du Septentrion, 2011, 276 p.

sociales, posant de fait un certain nombre de problèmes territoriaux (entre espaces urbains et ruraux, notamment). Cette première difficulté a déjà été identifiée par les défenseur·ses de dispositifs comme celui de la carte carbone[56], mais il risque de se répéter à l'infini, tant les formes d'inégalités sont nombreuses et complexes, par exemple l'action publique contre le sexisme et le racisme n'a jamais correctement articulé la lutte contre ces deux formes de domination sociale à d'autres politiques concernant d'autres enjeux. La limitation les émissions de gaz à effet de serre (ou toutes autres pratiques polluantes) ne peut pas être imposée, au risque de sombrer dans l'expertocratie et sa politique verticale. La seule solution réside dans l'autolimitation des besoins de chacun·e et une approche démocratique permettant d'appréhender toutes les situations particulières. La principale limite actuelle de ce véritable projet social réside dans sa condition essentielle : la sortie pleine et entière du capitalisme.

L'expertocratie et toutes les formes d'écologie autoritaire ne sont pas nécessairement écofascistes, parce que le fascisme n'est pas la seule forme de doctrine ni de régime autoritaires. La fonction de contre slogan de l'écofascisme brouille cette réalité fragmentée, empêchant d'identifier les raisons du

[56] Ibid.

basculement d'une écologie autoritaire vers une écologie réellement fasciste. La première englobe ainsi la seconde, illustrant clairement le rapport à la démocratie dans lequel l'écofascisme s'ancre. Le traitement courant du problème écologique favorise les réponses autoritaires, participant indiscutablement à la fascisation de l'écologie.

Les limites de la décroissance

Aux débuts des années 70, le mathématicien et économiste roumain Nicholas Georgescu-Roegen théorise une nouvelle définition des processus économiques, fondée sur la thermodynamique et sa seconde loi fondamentale, dont l'entropie permet la mesure[57]. L'analogie entre économie et physique dépasse toutefois le cadre de cette dernière, l'économiste mobilisant l'entropie pour décrire la dissipation de l'énergie, mais aussi celle de la matière, à laquelle ne s'intéresse pas directement la thermodynamique[58]. Nicholas Georgescu-Roegen considérait le système planétaire comme étant clos, mais dont l'entropie était toujours croissante. En d'autres termes, il donnait une solide substance théorique au slogan, largement popularisé depuis, selon lequel une croissance infinie n'est pas possible dans un monde fini. Construit sur des bases

---

[57] Nicholas Georgescu-Roegen, *Demain la décroissance. Entropie, écologie, économie*, Pierre-Marcel Favre, 1979.
[58] Antoine Missemer, *Nicholas Georgescu-Roegen, pour une révolution bioéconomique*, ENS Éditions, 2013.

différentes, le rapport *Les limites de la croissance*, également appelé rapport Meadows, commandé par le Club de Rome à une équipe de 4 scientifiques du MIT, paraît à la même époque. Cette étude repose sur la modélisation de différents scénarios caractérisés par l'évolution de différentes variables caractérisant les sociétés humaines, comme leur démographie, leur consommation d'énergie et de ressources, leur production agro-alimentaire, leurs pollutions, etc. La méthode de modélisation se veut systémique, en plein emballement cybernétique. Plusieurs scénarios sont déterminés par l'équipe du MIT, certains conduisant à l'effondrement du système, d'autres non. Dès 1972, l'année de sa parution, le rapport Meadows est traduit en français, et il aura alors un important retentissement politique[59]. En effet, la même année, le théoricien écologiste André Gorz parle pour la première fois de décroissance, qu'il conçoit comme une réduction de la production matérielle, nécessaire pour préserver l'équilibre global du système planétaire[60]. Le journaliste-philosophe était largement influencé par les conclusions des précurseurs économico-

[59] Son influence est telle qu'il est encore cité comme une référence majeure pour nombre d'écologistes de la période contemporaine, notamment parmi les collapsologistes dont l'attachement scientiste aux modélisations scientifiques n'est plus à démontrer.

[60] Gorz aurait spontanément utilisé le terme, lors d'un débat en 1972.

scientifiques de la décroissance, dont les publications lui étaient contemporaines. Il cherchait toutefois à leur donner un véritable sens politique, interprétant dans le détail certaines de leurs implications, comme une certaine dimension réactionnaire dans le rapport Meadows[61]. Entre les théories de Nicholas Georgescu-Roegen et le mouvement pour la décroissance, la filiation n'est pas directe non plus, le second reprenant davantage les postulats que les conclusions du premier[62]. Ainsi, la conception gorzienne de la décroissance ne réduit pas celle-ci à un projet purement économique : il ne s'agit pas seulement d'inverser le cours de l'économie en retournant les indicateurs qui l'orientent, mais bien de reprendre la main sur la définition des besoins de chacun, qu'il s'agit de libérer du conditionnement capitaliste aliénant. Par réalisme écologique, André Gorz considère en effet que « la croissance économique [...] a fait croître les besoins plus vite qu'elle ne parvenait à les satisfaire »[63]. Sa réponse politique s'inscrit dans une perspective radicalement démocratique, une décroissance émancipatrice ne pouvant que passer par une autolimitation construite collectivement[64].

[61] André Gorz, *Écologie et politique*, Galilée, 1975.
[62] Antoine Missemer, *Nicholas Georgescu-Roegen, pour une révolution bioéconomique*, op. cit.
[63] André Gorz, *Écologie et liberté*, Galilée, 1977.
[64] André Gorz, « L'écologie politique entre expertocratie et autolimitation », op. cit.

Depuis les années 70, l'idée de décroissance a fait son chemin : au départ simple mouvement politique écologiste, notamment actif en France[65], un courant décroissant s'est aujourd'hui développé et institutionnalisé au sein de la science économique[66]. La décroissance était principalement décriée par les représentants et les défenseurs de l'économie orthodoxe, et par ailleurs critiquée par quelques progressistes. Ces contestations étaient notamment le fait des marxistes et écomarxistes refusant d'abandonner la perspective productiviste d'une augmentation absolue du confort matériel des classes laborieuses[67]. Selon eux, la décroissance s'apparenterait à une théorie globale sur l'économie, sans analyse de la structure de celle-ci, à la différence du marxisme. Cet argument relève plutôt du procès d'intention que de la véritable discussion, la formulation initiale de la décroissance relevant plus du projet politique que de la modélisation économique, bien qu'elle s'en

---

65 Un actif défenseur de la décroissance en France est l'économiste Serge Latouche, auteur de multiples ouvrages introductifs sur la question : *Le pari de la décroissance* (Fayard, 2006), *Entre mondialisation et décroissance* (À plus d'un titre, 2008), *Vers une société d'abondance frugale* (Mille et une nuits, 2011).

66 Giorgos Kallis, Christian Kerschner et Joan Martinez-Alier, « The economics of degrowth », *Ecological Economics*, vol. 84, 2012, p. 172-180.

67 Matt T. Huber, « Ecological Politics for the Working Class », *Catalyst*, vol. 3, n°1, 2019, [en ligne].

inspirait. André Gorz lui-même apparaît comme un précurseur –hétérodoxe certes, de l'éco-marxisme contemporain. Désormais, la nécessité matérielle de la décroissance est vivement défendue par nombre d'écomarxistes, qui mêlent les analyses systémiques décroissantes avec d'autres ancrées dans la dialectique marxiste[68]. Plus généralement, la décroissance matérielle (voire économique) est presque unanimement présentée par les écologistes comme une nécessité pour répondre à la crise écologique. Elle apparaît même comme un « socialisme sans la croissance »[69], conformément à sa première conception gorzienne.

Malgré sa double nature politique et économique, la décroissance reste souvent réduite à la seconde dans les critiques qui en sont faites. Cette réduction fut propice à l'apparition d'autres sources de la décroissance[70]. Celles-ci sont autant

---

[68] Daniel Tanuro, *L'impossible capitalisme vert*, La Découverte, 2010. Andreas Malm, *Comment saboter un pipeline ?*, La fabrique, 2020. Fred Magdoff et John Bellamy Foster, *Ce que tout écologiste doit savoir à propos du capitalisme*, Éditions Critiques, 2017. Ian Angus, *Face à l'Anthropocène. Le capitalisme fossile et la crise du système terrestre*, Écosociété, 2018.

[69] Timothée Parrique et Giorgos Kallis, « La décroissance : le socialisme sans la croissance », *Terrestres*, 2021, [en ligne].

[70] Fabrice Flipo, *Décroissance, ici et maintenant !*, Le passager clandestin, 2017.

de nouveaux registres de justification de la décroissance, bien que ceux-ci restent surplombés par un registre décroissant d'ordre économique. D'une certaine manière, la décroissance s'est ainsi désencastrée de son socle social et démocratique, en s'autonomisant dans une forme tronquée, strictement économique. En effet, la première théorisation de la décroissance reposait sur des registres écologiste (renvoyant à la nécessité écologique, et désormais climatique, de décroissance matérielle et énergétique) et démocratique (la décroissance nécessite une amélioration de la vie démocratique, aujourd'hui confisquée au profit des politiques de croissance), dont la substance fut exposée précédemment. Aujourd'hui, un autre registre important de justification de la décroissance serait d'ordre « anthropologique », fondé sur le projet de décolonisation de l'imaginaire occidental en renversant les manières de penser : il s'agirait de sortir de l'économie qui guide l'entièreté des existences humaines, selon des objectifs uniquement orientés vers le profit, et plus généralement la croissance[71]. La décolonisation défendue ici n'est pas celle de l'antiracisme politique, mais un décentrement

[71] Serge Latouche a développé son projet de « décolonisation de l'imaginaire » dans de multiples ouvrages consacrés à la décroissance ainsi qu'à la critique du développement. Il a récemment publié une synthèse de ses principaux arguments, dans Serge Latouche, *La décroissance*, PUF, 2019.

essentiellement intellectuel vis-à-vis de l'omniprésence de la croissance. Un autre registre serait spirituel, la décroissance prenant alors la forme d'une ascèse, processus fondamentalement individuel centré sur la restriction dans l'accès à certains produits ou certaines activités. Cet argument fonde l'idée de sobriété heureuse du « paysan » Pierre Rabhi : il faut « modérer nos besoins et désirs » et retrouver le « sens des limites »[72]. La dimension spirituelle de ces appels à la modération ne représente pas, en elle-même, un problème, mais elle en devient un sérieux dès lors qu'elle s'impose comme un impératif moral ne résultant de pas de discussions égalitaires au sein d'espaces ouverts et démocratiques. C'est précisément le cas dans certaines publications issues de la sphère rabhiste ou de l'écologie intégrale, nouvelle émanation écologiste de l'Église catholique. Enfin, un dernier registre pourrait être décrit comme civilisationnel, puisqu'il considère que la décroissance devra passer par un changement de civilisation. Cet argument peut être défendu de différentes manières : certains proposent d'en finir avec les grandes villes jugées symptomatiques de tous les maux de la civilisation occidentale moderne[73], tandis que l'extrême droite écologiste prône plutôt le

---

[72] Fabrice Flipo, *Décroissance, ici et maintenant*, op. cit.
[73] Guillaume Faburel, *Pour en finir avec les grandes villes. Manifeste pour une société écologique post-urbaine*, Le passager clandestin, 2020.

retour à une civilisation occidentale préchrétienne comme seul cadre propice à la décroissance[74]. Dans tous les cas, l'argument est entendu : abandonner complètement la modernité serait nécessaire, et non négociable.

De fait, tous ces registres de la décroissance existent et sûrement d'autres encore, qu'il faudra identifier. Certains d'entre eux se mélangent, d'autres apparaissent au contraire comme étant irréconciliables. Pour l'heure, en délégitimer certains parce qu'ils prennent une forme réactionnaire ne fut pas suffisant pour les exclure définitivement du discours écologique progressiste. Mettre en évidence leur fréquente mobilisation dans les discours écofascistes pourrait permettre de révéler la manière dont l'ambivalence de la décroissance contribue à la fascisation de l'écologie. En effet, les registres anthropologique, spirituel et civilisationnel peuvent tout à fait nourrir des imaginaires politiques réactionnaires. Leurs auteurs s'en défendent régulièrement, comme Serge Latouche, qui considère explicitement que sa conception de la décroissance est révolutionnaire et ancrée à gauche[75]. Pourtant, Serge Latouche contribue

[74] Alain de Benoist, *Demain la décroissance ! Penser l'écologie jusqu'au bout*, Edite, 2007.
[75] Serge Latouche, *Petit traité de la décroissance sereine*, Mille et une nuits, 2007.

régulièrement à diverses publications intellectuelles ayant contribué à la théorisation de l'écofascisme[76]. Il invite, dans ses ouvrages, à ne pas « confondre l'antiproductivisme de droite et l'antiproductivisme de gauche », mais fait exactement cette lourde erreur, à plusieurs reprises, malgré les critiques de la gauche traditionnelle. Cette expression permet ainsi aux décroissants de jouer la carte de la confusion, en participant à des revues réactionnaires tout en se présentant comme ancrés à gauche. Ladite gauche traditionnelle serait enfermée dans la défense de la croissance en raison de sa grille de lecture marxiste acquise au productivisme[77]. La décroissance est ainsi un anticapitalisme qui prétend en effet dépasser les vieilles analyses marxistes, qui ne prendraient pas en compte les limites écologiques de la planète. Cette critique du marxisme contribue au rapprochement entre décroissance et écofascisme, par la théorisation d'un autre anticapitalisme, aux sources idéologiques confuses.

Les limites de la décroissance résident surtout dans ses ambiguïtés. La multiplication de ses registres de justification a largement brouillé sa théorisation initiale, d'ordre économique et politique.

---

[76] Serge Latouche est intervenu à plusieurs reprises dans les revues *Krisis* (n° 12, n° 49) ou *Éléments* (n°99, n°167).
[77] Fabrice Flipo, *Décroissance ici et maintenant*, op. cit.

Des écologistes de tout bord défendent aujourd'hui la décroissance, dont de véritables écofascistes, qui y ont vu une théorie écologique compatible avec leurs récits déclinistes. La source de toutes les ambiguïtés réside dans son désencastrement : la décroissance est généralement perçue comme un programme économique, alors investie différemment par de multiples familles politiques. Ainsi, les revendications écologistes ne peuvent pas se résumer à de simples appels à la décroissance, mais devraient toujours préciser le contenu politique de celle-ci sinon, ils contribueront, malgré eux, au processus de fascisation de l'écologie.

Forces et faiblesses de la modernité

La fascisation de l'écologie est un processus complexe à identifier concrètement. Les discours incriminés le sont avant tout pour leur ambivalence, qui permet à des acteurs politiques réactionnaires de s'en saisir. Cette ambivalence culmine dans les débats écologistes sur la modernité – ou Modernité, la majuscule ayant parfois son importance. Pour nombre d'écologistes, la modernité est une culture, voire une idéologie, mise en échec par la réalité écologique et la diversité humaine[78]. Elle se présente souvent comme un bloc, plutôt qu'une réalité complexe. Se positionner par rapport à celle-ci, de manière binaire, apparaît en effet comme un

---

[78] Jean Chesneaux, *Modernité-monde*, La Découverte, 1989.

passage obligé de la pensée écologique. Selon leurs définitions de la modernité, quatre positions écologistes peuvent ainsi être distinguées :

- *Les modernistes considèrent que la crise écologique pourrait être résolue par un processus de modernisation écologique*[79]*, c'est-à-dire par l'ajustement de la société moderne à ses nouvelles conditions écologiques, plutôt que son bouleversement radical.*
- *Les antimodernistes ont une position en miroir des modernistes, considérant que la crise ne peut être résolue qu'à travers un retour en arrière*[80]*, vers des formes sociales et technologiques antérieures à la modernité.*
- *Les amodernistes considèrent la crise écologique comme un puissant révélateur du voile idéologique de la modernité sur la réalité du monde*[81]*, qui empêcherait de considérer sérieusement les problèmes auxquels font face les sociétés humaines.*
- *Les postmodernistes considèrent la modernité comme une réalité ambivalente, qu'il faut nécessairement dépasser pour construire une société*

---

[79] Vincent Béal, « Modernisation écologique », p. 223-234, in Aurélie Choné, Isabelle Hajek et Philippe Hamman (dir.), *Guide des humanités environnementales,* Presses universitaires du Septentrion, 2016, p. 632.
[80] Alain de Benoist, *Les Idées à l'endroit*, Libres-Hallier, 1978.
[81] Bruno Latour, *Nous n'avons jamais été modernes. Essai d'anthropologie symétrique,* La Découverte, 1991.

écologique[82]. *Ce dépassement consiste en un processus conjoint de conservation de certains acquis modernes (libertés politiques, progrès de la médecine, etc.) et d'abandon des produits de la modernité provoquant d'importants dégâts sociaux et écologique (capitalisme).*

Outre le courant projet de la modernisation écologique, dont la dimension écologiste est d'ailleurs contestable, tous ces positionnements reposent sur une critique de la modernité. Cette caractéristique commune ne dit toutefois rien de ce que ladite modernité serait censée recouvrir, alors que cette concrétude apparaît absolument nécessaire pour suivre l'un ou l'autre des quatre positionnements critiques proposés. Les définitions de la modernité sont innombrables, et souvent complexes : les résumer ici n'aurait pas grand intérêt, le résultat ne pouvant qu'être incomplet. Sans que cette typologie ne soit exhaustive, trois conceptions de la modernité peuvent être proposées. Celles-ci ne sont pas complètement exclusives (au contraire, elles se mêlent constamment), mais caractérisent de manière efficace les conceptions principales de la modernité des quatre positionnements écologistes critiques proposés précédemment :

---

[82] Pierre Madelin, *Après le capitalisme. Essai d'écologie politique*, Écosociété, 2016.

- *La modernité comme ensemble de valeurs progressistes et de progrès sociaux, en matière économique, culturelle, raciale ou sexuelle*[83]. *Cette conception de la modernité repose sur une connotation particulièrement négative, le progressisme ayant supposément remplacé les traditions fondamentales des sociétés humaines. Cette focale est justement celle des écologistes antimodernistes, qui perçoivent la modernité comme un fléau en raison du bousculement des hiérarchies sociales qui la caractérise.*
- *La modernité comme ontologie particulière, c'est-à-dire une manière particulière d'être au monde. Sur le plan écologique, l'ontologie occidentale moderne prend le nom de naturalisme, puisqu'elle distingue radicalement la société de la nature, selon un grand partage qui n'existe pas de manière universelle dans toutes les sociétés humaines*[84]. *Celui-ci masquerait la réalité des rapports complexes entre les sociétés humaines et leur environnement, justifiant l'adoption d'une nouvelle ontologie, souvent inspirée des sociétés non occidentales*[85].

---

[83] Pierre-André Taguieff, « Critiques du progrès et pensées de la décadence. Essai de clarification des visions de l'histoire », *Mil neuf cent*, n°14, 1996, p. 15-39.

[84] Philippe Descola, *Par-delà nature et culture*, Gallimard, 2005.

[85] Les défenses d'un tel projet ontologique sont nombreuses parmi les écologistes : David Abram, *Comment la terre s'est tue : pour une écologie des sens*, La Découverte, 2013. Arturo Escobar, *Sentir-penser avec la Terre. L'écologie au-delà de l'Occident*, Le Seuil, 2018.

- *La modernité comme ensemble d'infrastructures matérielles, qu'elles concernent la santé, les transports, l'agriculture et l'alimentation, l'énergie, l'habitat, etc. Les interactions de ces infrastructures sont généralement considérées comme systémiques, liées les unes aux autres, dépendantes (à différents degrés) de leurs évolutions respectives. L'ambivalence de la modernité identifiée par les écologistes postmodernistes s'apparente précisément à sa conception comme ensemble d'infrastructures matérielles : pour construire une société écologique, il faudra faire un choix démocratique entre celles-ci, pour conserver les plus essentielles (peut-être en les transformant) et démanteler les plus néfastes et accessoires*[86].

L'idée d'une écologie postmoderne se démarque des deux autres par le regard réflexif des sociétés modernes sur elles-mêmes : tout n'est probablement pas à jeter dans celles-ci, certains éléments fondamentaux semblent (et devraient) pouvoir être repris pour construire une nouvelle société écologique. En ce sens, présenter l'écologie comme postmoderne implique de considérer que la modernité n'est pas la principale source de la crise écologique. Cette implication logique semble plutôt fondée, dès lors qu'il est impossible de donner une définition (relativement) consensuelle de la modernité, alors même qu'elle serait censée

[86] Emmanuel Bonnet, Diego Landivar et Alexandre Monnin, *Héritage et fermeture. Une écologie du démantèlement*, Divergences, 2021.

être la cause ultime de la crise écologique. Prendre celle-ci à sa racine ne nécessiterait donc pas de critiquer la modernité elle-même, mais plutôt le capitalisme, qui en est un produit fondamental[87]. Celui-ci reposant inévitablement sur l'exploitation de la force de travail, il n'est jamais ambivalent, mais toujours délétère : l'amélioration de la condition sociale de certains groupes aura toujours pour effet la dégradation de celle d'autres groupes situés plus bas dans la hiérarchie sociale à l'échelle globale. La lutte contre le capitalisme n'est pas, en elle-même, émancipatrice[88], mais elle est une condition essentielle de tout projet écologiste digne de ce nom.

Les deux typologies proposées – définitions de la modernité et rapports politiques à celles-ci, sont des outils de classement des pensées écologiques. Chaque catégorie n'est pas fermée, et peut tout-à-fait s'hybrider avec une autre. Les antimodernistes, par exemple, considèrent généralement que les progrès sociaux et les infrastructures matérielles ne sont que les deux faces d'une même pièce : la

---

[87] Raj Patel et Jason W. Moore, *Comment notre monde est devenu cheap. Une histoire inquiète de l'humanité*, Flammarion, 2018.

[88] Les écofascistes revendiquent en effet un positionnement anticapitaliste, dont la nature réelle est précisée dans le chapitre suivant.

mondialisation permise par les transports modernes aurait permis le déracinement d'une partie de la population mondiale, abandonnant les traditions et leur ancrage naturel, l'idée unique du Progrès (avec la majuscule) permet d'agréger ces différentes dimensions. Certaines figures pionnières de l'écologie politique s'ancrent parfois de manière explicite dans un tel paradigme hostile à la modernité[89]. Le rapport entretenu par les postmodernistes à la question ontologique est quant à lui loin d'être uniforme : certains défendent une sortie du naturalisme[90], d'autres (rejetant d'ailleurs la qualification postmoderne) sa refondation[91]. Malgré ces possibles hybridations, ces catégoriesIrestent efficaces pour caractériser des grandes tendances du rapport écologiste à la modernité. Cette étape apparaît essentielle pour identifier la substance idéologique spécifique de l'écofascisme : ce dernier relève, sans ambiguïté, d'une écologie antimoderniste, dont les principes sont épousés de manière intégrale. Toute imprécision des écologistes concernant la modernité pouvant supposer

[89] Pierre Charbonnier, « Jacques Ellul ou l'écologie contre la modernité », *Écologie & politique*, vol. 50, n°1, 2015, p. 127-146.
[90] Jason W. Moore, *Le capitalisme dans la toile de la vie : écologie et accumulation du capital*, L'Asymétrie, 2020.
[91] Andreas Malm, *The Progress of This Storm : Nature and Society in a Warming World*, Verso, 2018.

qu'il faut complètement abandonner celle-ci, contribution de fait au processus de fascisation de l'écologie.

Écologisations du fascisme

L'histoire de l'extrême droite avec l'écologie n'est pas uniforme, mêlant un rejet électoral et une refondation doctrinale. Cette dernière peut être considérée comme une écologisation du fascisme, c'est-à-dire comme une reconfiguration de l'idéologie fasciste suite à la prise en compte du problème écologique. Par rapport au reste du champ politique, l'extrême droite ne fait ainsi pas exception, dès lors qu'elle cherche, elle aussi, à répondre à une problématique contemporaine devenue incontournable. Pour l'heure, cet ajout au programme de l'écologie est essentiellement théorique, du moins en France. La dynamique écofasciste prend en effet d'autres formes, beaucoup plus militantes, dans d'autres contextes politiques, notamment anglophones[1]. L'analyse proposée ici

---

[1] Sur l'histoire et l'actualité de l'écofascisme anglophone, voir Sam Moore et Alex Roberts, *The Rise of Ecofascism: Climate Change and the Far Right*, Polity Books, 2022.

se concentre toutefois sur les évolutions doctrinales ayant conduit à l'apparition de l'écofascisme.

Idéologies et stratégies de la Nouvelle Droite

En France, à la fin des années 60 puis dans les années 70, une vaste nébuleuse idéologique d'extrême droite s'est constituée autour de quelques organisations intellectuelles et d'une constellation de revues mêlant discussions philosophiques et pamphlets politiques. Dans l'espace médiatique, cette dynamique droitière reçut l'appellation de Nouvelle Droite, par analogie avec d'autres mouvances intellectuelles et politiques contemporaines, dans d'autres pays, qui reçurent le même qualificatif : la *Nuova Destra* en Italie, la *Neue Rechte* en Allemagne, la *New Right* aux États-Unis, sans que ces courants soient idéologiquement homogènes à l'échelle internationale[2]. En France, en dehors de quelques groupuscules isolés, l'ancrage militant de cette nouvelle mouvance reste relativement faible. Son travail apparaît ainsi comme essentiellement idéologique, sans se concrétiser au sein de l'extrême droite électorale. Son influence diffuse sur le plan des idées est toutefois indéniable. Dans la première version du *Manifeste pour une*

---

[2] Pierre Milza, *L'Europe en chemise noire. Les extrêmes droites européennes de 1945 à aujourd'hui*, Fayard, 2002.

renaissance européenne signé par deux figures de la mouvance, la Nouvelle Droite est ouvertement présentée comme une école de pensée plutôt qu'un « mouvement politique »[3], assumant ainsi son travail centré sur les idées plutôt que sur l'activisme de terrain.

L'organisation la plus visible ayant structuré cette nébuleuse fut le Groupement de recherche et d'études pour la civilisation européenne (GRECE), fondé en 1969 par une quarantaine de personnalités intellectuelles d'extrême droite, en provenance de divers horizons. Le mouvement revendiqua jusqu'à plusieurs milliers d'adhérents au cours des années 80, un chiffre relativement important pour une organisation portée sur le travail idéologique plutôt que sur le militantisme politique. L'influence du GRECE sur la Nouvelle Droite est telle que la seconde est parfois abusivement réduite au premier, occultant ainsi les scissions et dissidences qui ont rythmé la vie de cette organisation depuis les années 70. Pourtant, celles-ci sont éclairantes puisqu'elles font ressortir de manière particulièrement saillante certains débats structurants pour la mouvance néo-droitière. Faire l'histoire du GRECE est alors rapidement apparu comme un travail utile,

[3] Charles Champetier et Alain de Benoist, « Manifeste : la Nouvelle Droite de l'an 2000 », *Éléments*, n°94, 1999.

pour comprendre précisément l'évolution idéologique de l'extrême droite après la Seconde Guerre mondiale[4]. Le contexte historique de ces recompositions idéologiques est notamment marqué par les luttes pour l'indépendance des populations sous domination coloniale, dont le destin est au cœur de certaines thèses néo-droitières.

Trois revues, encore publiées aujourd'hui en version papier et historiquement liées au GRECE, sont particulièrement représentatives de la Nouvelle Droite : *Nouvelle École* (créée en 1968), *Éléments* (créée en 1973, dont le nom complet est *Éléments pour une civilisation européenne*) et *Krisis* (créée en 1988). Les deux premières sont les plus structurantes pour la mouvance, en hébergeant les principaux débats qui animent celle-ci depuis les années 70, acquérant ainsi une renommée et une légitimité leur permettant d'exister encore aujourd'hui. *Krisis* est sensiblement plus récente, puisqu'elle s'apparente, malgré les dénégations de son fondateur, à une tentative de relance de la Nouvelle Droite suite à son élan brisé au cours des années 80. Ces trois revues jouissent d'une large audience, qui dépasse largement l'extrême droite : nombre d'intellectuels modérés (voire d'extrême gauche) en reconnaissent plus ou moins

---

[4] Anne-Marie Duranton-Crabol, *Visages de la Nouvelle droite. Le GRECE et son histoire*, Presses de Sciences Po, 1998.

ouvertement la qualité[5]. Une multitude d'autres publications plus confidentielles, pérennes ou temporaires, ont également accompagné la structuration idéologique de la mouvance néo-droitière comme la revue doctrinale du GRECE intitulée *Études et Recherches* ou les revues *Cartouches* et *Panorama* – les archives de toutes ces revues sont encore disponibles à la vente sur le site de la revue *Éléments*. Plusieurs maisons d'édition sont également associées à la Nouvelle Droite et publient, régulièrement, les textes de divers représentants de la mouvance, comme les éditions Copernic, les éditions Pardès ou les éditions du Labyrinthe, notamment.

Plusieurs traditions politiques se croisent au sein de la Nouvelle Droite. Certaines analyses courantes les regroupent en quatre principales tendances[6] sans que cette classification ne soit officielle au sein même de la mouvance. La première est le traditionalisme anticatholique, le néoconservatisme, le communautarisme ethniste et une forme particulière de positivisme, voire de

[5] Les exemples sont nombreux, mais les plus célèbres et représentatifs d'entre eux sont probablement Jacques Julliard et Marcel Gauchet (pour les plus modérés), ou Alain Caillé et Serge Latouche (pour les plus radicaux).

[6] Stéphane François, *La Nouvelle Droite et ses dissidences. Identité, écologie et paganisme*, Le Bord De L'Eau, 2021, p. 8-9. Ce classement en 4 tendances est repris de Pierre-André Taguieff, *Sur la Nouvelle droite*, Descartes & Cie, 1994.

scientisme. Lors de la constitution de la Nouvelle Droite, l'écologie politique semble donc absente des débats. Elle est même considérée comme un complexe de culpabilité issu du christianisme[7]. C'est pourtant de cette pluralité théorique de la Nouvelle Droite qu'émergera, plus ou moins directement, une conception réactionnaire de l'écologie politique, influencée par les thèses fortes de plusieurs tendances précitées.

Co-fondateur du GRECE, le philosophe Alain de Benoist fut (et reste) la principale figure de la mouvance néo-droitière. Celui-ci joue à la fois le rôle de façade respectable et de modérateur entre les différentes tendances, au carrefour desquelles il s'est lui-même toujours situé, malgré quelques revirements idéologiques lors des cinq dernières décennies. Sous une multitude de pseudonymes[8], qui n'ont probablement pas tous été identifiés, il participa à plusieurs médias grand public comme *Le Figaro* ou *France Culture*, et publie de

[7] Alain de Benoist, « De l'écologie à l'éco-manie », *Éléments*, n°21-22, 1977, p. 12-19.

[8] Ses pseudonymes connus sont, d'après Wikipédia (en janvier 2021) : Cédric de Gentissard, Fabrice Laroche, Robert de Herte, David Barney, Fabrice Valclérieux, Éric Saint-Léger, Éric Lecendreux, Martial Laurent, Tanguy Gallien, Frédéric Laurent, Pierre Dolabella, Maxime Meyer, Jean-Pierre Dujardin, Frédéric Toulouze, Jean-Louis Cartry, Julien Valserre, Pierre Jacob et Pierre Carlet.

nombreux ouvrages, y compris chez des éditeurs d'importance comme Albin Michel ou Robert Laffont. Il illustre ainsi parfaitement la stratégie métapolitique du gramscisme de droite qui caractérise la Nouvelle Droite, qu'il a lui-même rethéorisée et appliquée : diffuser, dans l'imaginaire collectif, les valeurs et idées de l'extrême droite, préparant sa future réussite politique par son hégémonie culturelle[9]. Suivre le parcours d'Alain de Benoist permet d'identifier la trajectoire des débats au sein de la Nouvelle Droite, tant il en est le représentant organique. S'il reste presque le seul intellectuel de la mouvance néo-droitière à être sorti des niches d'extrême droite, ses thèses, ainsi que celles de ses proches qu'il a relayées, ont eu une grande influence, même indirecte, sur l'extrême droite contemporaine, en France, mais aussi à l'étranger. Si d'autres intellectuels importants de la Nouvelle Droite comme Pierre Vial ou Guillaume Faye ont des parcours intellectuels plus linéaires que celui d'Alain de Benoist, celui-ci reste le plus médiatique et influent des idéologues d'extrême droite.

Depuis les années 80, des travaux en histoire ainsi qu'en science politique ont permis d'identifier de multiples filiations politiques et théoriques

---

[9] Razmig Keucheyan, « Alain de Benoist, du néofascisme à l'extrême droite "respectable". Enquête sur une success story intellectuelle », *Revue du Crieur*, vol. 6, n°1, 2017, p. 128-143.

de la Nouvelle Droite. Des éclairages biographiques très précieux mettent en évidence l'implication d'anciens collaborationnistes et de SS français – comme Jacques de Mahieu, Louis Rougier, Robert Dun ou encore Saint-Loup (pseudonyme littéraire de Marc Augier)[10], et d'anciens membres actifs de l'OAS – comme Dominique Venner ou Maurice Rollet, dans la création puis la structuration du GRECE, et plus généralement de la mouvance de la Nouvelle-Droite. Parmi le reste des fondateurs[11], certains sont sensiblement plus jeunes et n'ont donc pas directement participé à la perpétration des horreurs nazies ou coloniales, mais en sont fièrement nostalgiques. Le gros des troupes néo-droitières provient d'Europe-Action, un éphémère, mais influent mouvement d'extrême droite ayant existé en 1963 et 1967. Dans la revue éponyme publiée durant cette période, les membres d'Europe-Action ont largement contribué à la construction de l'analyse raciste des décolonisations[12], qui structure encore le discours de l'extrême droite contemporaine.

---

[10] Saint-Loup n'est pas directement impliqué dans le GRECE, mais il en est proche, à la fois idéologiquement et par les réseaux politiques et amicaux dans lesquels il est impliqué.
[11] L'écriture inclusive n'est ici pas nécessaire, puisque tous les membres fondateurs du GRECE recensés sont des hommes.
[12] Pauline Picco, « Penser et dire la race à l'extrême droite (France-Italie, 1960-1967) », *Vingtième Siècle. Revue d'histoire*, vol. 130, n°2, 2016, p. 77-88.

Ces thèses révisionnistes mettent en cohérence les différentes sources théoriques distinctes de la Nouvelle Droite française, mais plus largement européenne. D'une part, des thèses raciologiques issues de l'extrême droite américaine font l'objet de nombreux articles dans plusieurs revues néo-droitières, notamment *Nouvelle École*, qui publie les traductions de textes signés par des théoriciens racialistes tels le psychologue Arthur Jensen ou les anthropologues Donald A. Swan et Wesley Critz George. Les thèses de ces différents universitaires convergent toutes vers une théorie raciale vantant la supériorité biologique et intellectuelle de la race blanche sur les autres races humaines[13]. Malgré l'offensive antiraciste institutionnelle, notamment portée par l'UNESCO[14], visant à faire disparaître les théories biologiques sur les races humaines, force est de constater qu'un véritable réseau scientifique racialiste a continué d'exister. La porosité de ce dernier avec l'extrême droite américaine et européenne est évidente, mais cela n'a pas empêché ce réseau de se maintenir et de développer la justification pseudo-biologique de ses thèses suprémacistes blanches. La mixité ra-

---

[13] Stéphane François, *La Nouvelle Droite et ses dissidences*, op. cit, p. 102.

[14] UNESCO, *Déclaration d'experts sur les questions de race*, 1950.

ciale apparaît comme la principale hantise de ces adeptes du racialisme, qui redoutent la disparition progressive de la race blanche par son mélange avec d'autres races jugées inférieures. En ce sens, l'anthropologie racialiste appuie de manière pseudo-scientifique l'autre grande filiation théorique de la Nouvelle Droite : la « Révolution conservatrice » allemande, qui précède la montée du nazisme[15]. Cette mouvance intellectuelle qui s'est développée entre les deux guerres mondiales repose en grande partie sur un récit décliniste, justifiant la réponse fasciste à la disparition de la civilisation germanique. L'argumentaire est avant tout culturel, mais l'anthropologie raciale précédemment mentionnée renforce ce récit révolutionnaire-conservateur en assimilant la mixité raciale au déclin progressif de la race blanche.

Lors de la constitution de la mouvance à la fin des années 60, ses appuis sont essentiellement d'ordre biologique, en provenance des thèses d'anthropologie racialiste précédemment évoquées. L'idée selon laquelle il existe des races humaines forme encore le socle idéologique explicite de la Nouvelle Droite. La proximité avec le suprémacisme blanc nord-américain est manifeste : alors que Roger Pearson figure entre 1972

---

[15] Louis Dupeux (dir.), *La « révolution conservatrice » allemande sous la République de Weimar*, Éditions Kimé, 1992.

et 1981 au comité éditorial de *Nouvelle École*, Alain de Benoist adhère en retour à la Northern League, l'organisation néonazie dont l'anthropologue américain est le fondateur[16]. Sous l'influence notable des thèses de Claude Lévi-Strauss[17], la Nouvelle Droite abandonne la référence biologique de sa doctrine raciste à partir de la fin des années 70. Suivant les travaux de l'anthropologue français, la mouvance d'extrême droite s'ancre progressivement dans l'ethno-différentialisme, dont la référence n'est plus biologique, mais bien culturelle[18]. Progressivement, la notion de race disparaît presque complètement des écrits associés à la Nouvelle Droite, remplacée par celle de culture, puis d'identité[19]. Caractéristiques de différences locales qu'il faut à tout prix préserver, c'est désormais la défense de ces cultures singulières qui anime la Nouvelle Droite. Elle se présente dès lors en protectrice des peuples et de leurs spécificités culturelles. La mouvance étant européenne, c'est cette culture continentale, aux origines païennes, qu'elle entend défendre

[16] Stéphane François, *La Nouvelle Droite et ses dissidences*, op. cit, p. 102.
[17] Claude Lévi-Strauss, *Race et histoire*, Unesco, 1952, 85 p.
[18] Sylvain Crépon, « L'extrême droite sur le terrain des anthropologues. Une inquiétante familiarité », *Socio-anthropologie*, n° 10, 2001, [en ligne].
[19] René Monzat, « Les inavouables racines de la thématique identitaire », *Contretemps*, 2021, [en ligne].

en priorité. En revendiquant son relativisme culturel, elle se présente alors comme radicalement antiraciste, car attachée à la cause des peuples autochtones, qu'ils soient européens ou originaires d'autres régions du monde.

Ce processus, que l'on peut considérer comme une culturalisation du racisme, dépasse largement l'extrême droite[20]. Le glissement de l'idée supposément biologique de race vers celles culturelles d'ethnicité ou de nation est une stratégie discursive courante, qui permet de masquer (volontairement ou involontairement) les fondements racistes des références ethniques ou nationalistes[21]. Dans le cas de la Nouvelle Droite, la supercherie est évidente : malgré leur virage culturaliste ouvertement mis en évidence, les revues de la mouvance n'ont cessé de relayer des thèses racialistes – en 2016, *Éléments* publiait encore un dossier sur le mythe du berceau unique de l'humanité, reprenant une thèse racialiste très structurante à l'extrême droite[22]. Faire référence aux cultures plutôt qu'aux races s'inscrit dès lors dans la stratégie gramsciste de la Nouvelle Droite, visant à rendre celle-ci respectable aux yeux du grand public et du champ

---

[20] Sarah Mazouz, *Race*, Anamosa, 2020, p. 96.

[21] Stuart Hall, *Race, ethnicité, nation. Le triangle fatal*, Amsterdam, 2019.

[22] Stéphane François, *La Nouvelle Droite et ses dissidences*, op. cit, p. 15.

politique, qui peuvent désormais y puiser des références sans accréditer ouvertement le racisme biologique. L'écologisation du socle idéologique de la mouvance néo-droitière semble s'ancrer dans ce virage culturaliste, rendant par ailleurs évident le continuum entre racismes biologique et culturel dans les théories politiques de l'extrême droite.

Conversions écologiques de la Nouvelle Droite

De l'aveu même d'Alain de Benoist qui en modère les interactions, plusieurs sensibilités politiques aux thèses parfois divergentes coexistent au sein de la mouvance néo-droitière, notamment lorsqu'elle prend davantage d'ampleur aux débuts dans les années 70. De fait, le traitement en interne de certaines questions ne peut qu'être ambivalent. Le rapport à la modernité représente assez bien les dissonances idéologiques qui structurent la Nouvelle Droite. D'une part, celle-ci valorise les origines païennes de la culture européenne, contre le développement du christianisme, alors considéré comme terreau de la modernité européenne. Le néopaganisme de la Nouvelle Droite se présente dès lors comme un véritable refus de la modernité, qui s'apparenterait à une homogénéisation des différentes cultures, donc des différents peuples[23]. D'autre part, la Nouvelle Droite vante les mérites du caractère prométhéen de la civilisation européenne[24], notamment fondée sur la science, institution typiquement moderne. À ses débuts, la Nouvelle Droite (ou plus spécifiquement le GRECE) n'est donc pas le laboratoire idéologique antimoderne que l'on connaît aujourd'hui, mais une mouvance naissante, aux sources théoriques plurielles.

Cette pluralité idéologique au sein de la Nouvelle Droite rend ambivalent son rapport à l'écologie. Le numéro d'*Éléments* paru à l'été 1977, intitulé « Les équivoques de l'écologie » illustre bien cette pluralité des conceptions de l'écologie au sein de la Nouvelle Droite, à cette époque. Alain de Benoist dénonce notamment les « accents apocalyptiques »[25] avec lesquels sont relatées les dégradations écologiques, dont il reconnaît toutefois le caractère bien réel. Il pointe l'hypocrisie dont font preuve, selon lui, les écologistes à l'égard des pays en voie de développement, auxquels serait refusée la croissance, révélant encore

[23] Stéphane François, « Le néo-paganisme et la politique : une tentative de compréhension », *Raisons politiques*, vol. no 25, n°1, 2007, p. 127-142.
[24] Stéphane François, *La Nouvelle Droite et ses dissidences. Identité, écologie et paganisme*, Le Bord De L'Eau, 2021, p.87.
[25] Alain de Benoist, « De l'écologie à l'éco-manie », art. cit.

son attachement à une conception prométhéenne du développement. Parce que « l'écologie prend le relais d'un marxisme orthodoxe »[26], il faudrait se tenir à distance de sa forme politique en lui préférant sa forme scientifique. En effet, les écologistes idéaliseraient « une fausse idée de la nature »[27], considérée état initial de la société à laquelle iels souhaiteraient retourner. Cette critique de l'écologie politique naissante était relativement neuve à l'époque, mais déjà caricaturale de la réalité du discours écologiste, loin d'être primitiviste et fondé sur le souhait d'un retour à la nature. Cette défense d'une écologie scientifique contre la dérive politique que représenterait l'écologisme se retrouve dans la défense de l'énergie nucléaire, jugée moins polluante et plus sûre sur le plan écologique que les autres formes d'énergie[28]. Déjà à l'époque, la fission nucléaire est présentée comme une « solution de rêve » qui « résoudrait tous les problèmes »[29]. La confiance accordée à la sûreté nucléaire contraste radicalement avec les principales orientations écologistes de l'époque, révélant l'ancrage scientiste très fort caractérisant une partie de la Nouvelle Droite à

---

26 Ibid.

27 Alain de Benoist, « Une fausse idée de la nature », *Éléments*, n°21-22, 1977, p. 20-24.

28 Christian Lahalle, « L'atome contre la pollution », *Éléments*, n°21-22, 1977, p. 24-31.

29 Ibid.

ses débuts. Ce dernier est également explicite lorsqu'est critiquée la décroissance ou la croissance zéro, expression plus courante dans les années 70. Son malthusianisme est ciblé en premier lieu, réfuté par la mobilisation d'arguments formulés par divers économistes capitalistes (néolibéraux ou keynésiens) : Milton Friedman, Paul Samuelson, Edmon Malinvaud. Plus fondamentalement, la décroissance est rejetée parce qu'elle cherche « la disparition du goût de la croissance, de l'espoir fondé sur le progrès, de la volonté d'être plus »[30].

Synthétisant ces critiques néo-droitières de l'écologie politique, Alain de Benoist désigne cette dernière comme une « réponse régressive » à la dégradation du monde non humain[31]. Ainsi, de l'interdépendance entre les sociétés humaines et leurs environnements, il tire « une conclusion inverse de celle des écologistes : la conclusion que l'homme, devant l'intense transformation dont son milieu est l'objet, doit, non pas chercher à régresser au stade antérieur à cette transformation, mais au contraire rechercher la transformation symétrique de lui-même qui lui permettra, dans le couple qu'il

---

[30] Charles Bressoles, « De Malthus à Sicco Mansholt », *Éléments*, n°21-22, 1977, p. 31-33.
[31] Alain de Benoist, « Le vrai problème », *Éléments*, n°21-22, 1977, p. 37-40.

forme avec son environnement, de rester le maître de la relation qui s'y produit »[32]. Le propos est alors radicalement moderne, reprenant explicitement la formule cartésienne visant à « nous rendre maîtres et possesseurs de la nature »[33]. L'écologisme est plus généralement perçu comme une variante du communisme, à laquelle la Nouvelle Droite est particulièrement hostile. Cette dernière rejette radicalement ce qu'elle considère comme une idéalisation de la nature par les écologistes, mais reste idéologiquement marquée par une autre conception de l'idée de nature, essentiellement hiérarchique et devant servir de référence pour l'ordre social. Logiquement, l'écoféminisme, fraîchement théorisé par Françoise d'Eaubonne à l'époque[34], est également attaqué, car participant au remplacement de « la relation organique hiérarchisée par la relation égalitaire horizontale » qui constitue le cœur du projet écologiste[35].

Au cours des années 80, s'amorce toutefois un véritable tournant écologique de la Nouvelle Droite[36]. Celui-ci s'apparente à une synthèse

---

[32] Ibid.

[33] René Descartes, *Discours de la méthode*, 1637.

[34] Françoise d'Eaubonne, *Le féminisme ou la mort*, Horay, 1974, p. 274.

[35] Alain de Benoist, « Le vrai problème », art. cit.

[36] Stéphane François, *La Nouvelle Droite et ses dissidences. Identité, écologie et paganisme*, Le Bord De L'Eau, 2021, p. 81.

d'éléments structurants de différentes tendances de la mouvance, par l'intermédiaire d'une conception ouvertement réactionnaire de l'écologie. Il s'agit d'une mise en cohérence de thèses initialement divergentes, en leur donnant une direction commune grâce au déploiement d'un nouveau référentiel environnemental. Ce tournant écologique s'opère légèrement en retard par rapport à celui d'une partie de l'extrême gauche, qui investit pleinement l'enjeu écologique sur le plan politique dès les années 70. Un certain nombre de thèmes classiques du mouvement écologique naissant à gauche sont devenus emblématiques de l'écologie politique : critique du progrès donc de la société industrielle, rejet radical de la société consumériste, défense de la décroissance, intérêt pour le régionalisme, etc. Le cadrage politique de ces débats par les écologistes reste toutefois confus et sommaire, laissant à la Nouvelle Droite la possibilité de s'en saisir, pour les traiter à sa façon. Certaines idées structurantes de la pensée écologique, pourtant vivement critiquées seulement quelques années auparavant, deviennent dès lors structurantes dans la conception de l'écologie politique que propose la Nouvelle Droite.

S'appuyant sur des références intellectuelles comme Guy Debord, Jean Baudrillard ou quelques membres du Mouvement Anti-Utilitariste en Sciences Sociales (MAUSS), habituellement privilégiées par l'extrême-gauche, la Nouvelle Droite développe une vive critique de la société de consommation[37]. Deux axes principaux structurent l'hostilité néo-droitière vis-à-vis de cette forme sociale typiquement moderne. Le premier axe repose sur le rejet viscéral de l'impérialisme culturel américain, jugé responsable de l'émergence de « la culture mondiale de masse »[38] qui réduit progressivement les cultures à de simples marchandises. Parce que celui-ci est jugé représentatif de cette « culture mondiale de masse » dont il est la principale ffiguration dans l'imaginaire collectif, « la Nouvelle Droite a donc pour ennemi l'*American way of life* »[39]. Le second axe découle logiquement du premier, puisqu'il repose lui sur la critique de l'uniformisation ou indifférenciation de toutes les cultures à l'échelle mondiale[40], conséquence directe de l'impérialisme culturel américain. Sans un examen attentif du fond politique

[37] Olivier Dard, « La Nouvelle Droite et la société de consommation », *Vingtième Siècle. Revue d'histoire*, vol. 91, n°3, 2006, p. 125-135.

[38] Guillaume Faye, « La culture gadget », *Éléments*, n°46, 1983, p. 7.

[39] Stéphane François, *La Nouvelle Droite et ses dissidences. Identité, écologie et paganisme*, Le Bord De L'Eau, 2021, p. 99.

[40] Olivier Dard, « La Nouvelle Droite et la société de consommation », art. cit.

des arguments néo-droitiers contre la société de consommation, ceux-ci pourraient sembler convergents avec ceux produits par les situationnistes et autres tendances gauchistes contemporaines. Même s'ils semblent partager la critique du consumérisme, la principale différence entre ces deux familles politiques tient dans leur rapport à l'aliénation du consommateur. Alors qu'à gauche, elle est le produit mental d'une structure économique au sein de laquelle le prolétariat est exploité, la Nouvelle Droite y voit un symptôme d'une dé gradation civilisationnelle provoquée par la modernité, actualisant ainsi le récit décliniste privilégié de l'extrême droite.

De manière analogue à son émergence à gauche, l'anticonsumérisme de la Nouvelle Droite fonde son adhésion au mot d'ordre décroissant. Alain deBenoist lui-même a publié un ouvrage pour défendre la décroissance en 2007[41], ainsi qu'une multitude d'articles et entretiens pour présenter la manière dont ce projet économique et politique s'intègre naturellement dans sa réflexion écologique. Il s'engouffre dans une brèche ouverte par Serge Latouche, qui échange et collabore régulièrement avec la Nouvelle Droite, sans clarifier

---

[41] Alain de Benoist, *Demain la décroissance ! Penser l'écologie jusqu'au bout*, Edite, 2007, p. 199.

le positionnement (à gauche, ou à droite) de sa conception de la décroissance. De cette façon, Alain de Benoist fait de la décroissance un pilier de son projet théorique plus général. Nombre de figures du champ sont mobilisées et discutées, dans ce qui pourrait sembler n'être qu'un ouvrage classique sur la décroissance – Ivan Illich, Jacques Ellul, Ernst Friedrich Schumacher et même André Gorz. A ces auteurs généralement placés à gauche, se mêlent alors Oswald Spengler (figure de la Révolution conservatrice allemande) ou Mircea Eliade (historien des religions à la sombre trajectoire politique). Outre ces références, les signes que la décroissance fonde ici un projet politique archaïque sont finalement peu nombreux, surtout si le reste de la pensée d'Alain de Benoist n'est pas connue. Ce dernier considère notamment que « l'écologisme implique une rupture radicale avec l'idéologie des Lumières, c'est-à-dire l'idéologie de la modernité »[42]. Dans le nouveau paysage politique qu'il décrit, les catégories de gauche et de droite seraient obsolètes, le nouveau clivage se ferait sur l'idéologie de la croissance et ses fondements progressistes. Autrement dit, Alain de Benoist ne partage l'opinion de la gauche qu'à la condition qu'elle abandonne ses bases théoriques comme son histoire politique, dont le progressisme est une part importante. Finalement, l'accusation

[42] Ibid, p.79.

fréquente contre la décroissance, selon laquelle cette dernière constituerait un projet politique réactionnaire, de retour en arrière vers un modèle de société du passé, sied bien à Alain de Benoist : telle est sa conception de la décroissance.

L'écologie de la Nouvelle Droite est explicitement romantique, au sens classique d'une « protestation culturelle contre la civilisation capitaliste moderne au nom de certaines valeurs du passé »[43]. Suivant en ce sens d'autres branches de la pensée écologique, la Nouvelle Droite critique ainsi le désenchantement du monde par sa progressive rationalisation scientifique et technique[44]. Celle-ci repose sur une multitude d'autres critiques, concernant différentes dimensions de la société moderne, comme son gigantisme, sa tendance bureaucratique, son utilitarisme, son attachement à la croissance perpétuelle, la dépersonnalisation qu'elle engendre, etc.[45] La distinction des bases argumentatives des romantismes néo-droitier et révolutionnaire apparaît complexe, elle rend impossible l'identification du premier comme

---

[43] Michael Löwy, « William Morris, romantique révolutionnaire », *Multitudes*, vol. 55, n°1, 2014, p. 129-133.
[44] Max Weber, *Le savant et le politique*, 1919.
[45] Guillaume Carbou, « La topique romantique dans les discours de l'écologie politique », Mots. Les langages du politique, n°119, 2019, [en ligne].

réactionnaire et du second comme émancipateur. Tous deux reposent notamment sur le rejet des mêmes aspects de la modernité, s'inspirant parfois des mêmes références intellectuelles[46]. Toutefois, le romantisme n'est pas une idéalisation stricte du passé, mais bien une projection dans l'avenir à partir de la société actuelle, en tirant des enseignements d'aspects positifs des sociétés passées. Ainsi, c'est dans le type de société, que dessine l'écologie néo-droitière, qu'il est possible de comprendre en quoi son romantisme diffère de celui animant certaines dynamiques révolutionnaires. Les risques associés à cette proximité entre les romantismes écologiques réactionnaires et progressistes participent plutôt d'une fascisation de l'écologie. Pour les distinguer, il importe de clarifier les débouchés politiques de l'écologie néo-droitière.

L'écologie comme synthèse politique des mythes et mysticismes réactionnaires

Depuis le tournant écologique de la Nouvelle Droite, l'écologie est au cœur du projet éditorial des revues de la mouvance. Depuis leurs débuts, *Éléments* comme *Krisis* ont consacré plusieurs

[46] Pierre Charbonnier, « Jacques Ellul ou l'écologie contre la modernité », *Écologie & politique*, vol. 50, n°1, 2015, p. 127-146.

dossiers spécialement centrés sur la question écologique, ainsi qu'une multitude d'articles plus isolés. Les autres numéros concernent des thématiques plus classiques de l'extrême droite, comme le rejet de la mondialisation ou la dérive de la société à cause de la gauche. L'écologie pourrait sembler minoritaire parmi ces thèmes, puisqu'elle ne fait pas toujours l'objet d'un discours explicite. Elle est pourtant devenue le ciment entre les différentes théories composant la Nouvelle Droite. Certaines figures de la mouvance, en particulier Alain de Benoist, se sont en effet lancées dans un projet théorique de synthèse des pensées néo-droitières, voire des thèses conservatrices de manière plus générale[47]. L'écologie permet la mise en cohérence de divers mythes et mysticismes réactionnaires, qui animaient des tendances différentes de l'extrême droite, mais qui convergent désormais vers un projet commun.

Dès la fin des années 60, la Nouvelle Droite s'est activement investie dans « le renouvellement doctrinal du nordicisme de l'extrême droite »[48].

---

[47] Alain de Benoist, *Mémoire vive. Entretiens avec François Bousquet*, Éditions de Fallois, 2012, p. 333.

[48] Stéphane François, *La Nouvelle Droite et ses dissidences. Identité, écologie et paganisme*, Le Bord De L'Eau, 2021, p. 165.

Mêlant théories pseudo-scientifiques et récits ésotériques, ce mythe revendique une origine circumpolaire, originaire du pôle (Nord), de la race blanche. L'identification explicitement raciale de celle-ci est souvent euphémisée, remplacée par la mention des Indo-Européens –peuple scientifiquement inconnu, mais considéré par l'extrême droite comme étant « à l'origine de la majorité des langues européennes », faisant de lui « le peuple indigène de l'Europe »[49]. Sur le plan linguistique, le regroupement des langues dites indo-européennes au sein d'un même groupe fait l'objet d'un vaste débat scientifique[50] séduisant notamment un certain nombre de représentant·es du champ. Plus que dans ce débat, le problème réside dans l'assimilation hâtive d'une langue mère indo-européenne avec un peuple originel, donnant immédiatement aux Indo-Européens une coloration ethnique. Aucune donnée archéologique sérieuse ne semble venir confirmer cette thèse douteuse, reléguant de fait l'idée de peuple originel dans le registre mythique fondateur de l'extrême droite[51]. Si l'association de l'ensemble des études

---

[49] Ibid, p. 172.

[50] Bernard Lyonnet, « Mythe indo-européen et réalités linguistiques : pour une sémiotique historique », *Semen*, n°49, 2020, [en ligne].

[51] Jean-Paul Demoule, *Mais où sont passés les Indo-Européens ? Le mythe d'origine de l'Occident*, Seuil, 2014.

indo-européennes internationales à l'extrême droite fait débat, l'usage politique de ces thèses scientifiquement valables est indéniable, elles sont valables car discutées au sein de différentes disciplines, qui ne les ont pas encore rejetées. La raciologie précédemment décrite, dont la Nouvelle Droite est une héritière politique, joue en effet le rôle de caution scientifique du nordicisme. Dans le régime nazi, celui-ci prit explicitement la forme d'un récit historique officiel, enseigné à l'école, opposant « l'humanité nordique et la sous-humanité asiatique et sémitique »[52].

Les sources du nordicisme sont en effet fondamentalement et explicitement antisémites. Elles sont issues d'une puissante tradition ésotérique, par laquelle sont notamment passées plusieurs figures théoriques importantes de l'extrême droite contemporaine. La plus représentative d'entre elles est probablement Julius Evola, défenseur d'une « Tradition primordiale » jugée « antérieure à toutes les traditions locales »[53], dont elle serait la source. Cette forme spécifique de traditionalisme s'apparente à toutes les autres, puisqu'il s'agit

---

[52] Johann Chapoutot, « Comment meurt un Empire : le nazisme, l'Antiquité et le mythe », *Revue historique*, vol. 647, n°3, 2008, p. 657-676.

[53] Stéphane François, *Stéphane François, La Nouvelle Droite et ses dissidences,* op. cit, p. 47.

simplement d'un « discours de la décadence qui rejette toute forme de progressisme », rejoignant sur ce point de nombreux discours dévolutionnistes ou déclinistes, classiques de l'extrême droite[54]. Sa dimension mythique, voire ésotérique est toutefois à préciser, permettant de mettre en œuvre son fond radicalement antisémite. En opposition explicite avec toute approche évolutionniste, l'origine de la race blanche est considérée divine, cette dernière étant originellement ancrée dans cette Tradition primordiale ayant ensuite pris des formes locales multiples. L'une des principales implications de cette conception spirituelle de la race réside dans l'assimilation des personnes juives à une race de l'esprit radicalement différente de la race blanche, ouvrant grand la porte au complotisme antisémite[55]. Le judaïsme, et ses suites (notamment chrétiennes), sont en effet considérés comme le responsable originel du désastre civilisationnel que serait la modernité, en particulier par la promotion jugée organique du capitalisme par le peuple juif. D'une certaine manière, cette conception ésotérique et non biologique de la race apparaît comme le pendant culturel du nordicisme scientifique sur lequel s'appuie la Nouvelle Droite.

---

[54] Ibid, p. 52.

[55] Stéphane François, « L'Anthropologie évolienne, la « race de l'esprit » et le judaïsme », *Fragments sur les temps présents*, 2013, [en ligne].

En tant que récits convergents, nordicisme et traditionalisme forment le socle pseudo-scientifique et métaphysique du néopaganisme néo-droitier. L'Europe apparaît comme unifiée sur le plan ethnique et culturel, au sens où les peuples européens constitueraient la race blanche et participeraient d'une même culture, avec des déclinaisons locales. Cette unité trouve surtout une cohérence écologique : les peuples européens auraient été façonnés par leurs environnements naturels. Leurs identités (c'est-à-dire leurs cultures, leur race) seraient véritablement ancrées dans la nature. Le bon développement de la vie locale résulterait d'un équilibre entre la communauté humaine et son territoire, soit son support écologique. Cet équilibre naturel entre les sociétés locales et leur sol serait perturbé par l'arrivée de populations non-européennes, jugées culturellement inadaptées au nouvel environnement qu'elles viennent peupler. Les véritables cultures européennes, adaptées à l'environnement local, ne seraient pas chrétiennes, mais bien païennes, puisque celles-ci ont perduré pendant des millénaires, en harmonie/équilibre avec l'écosystème naturel. Cette conception du rapport entre les communautés humaines et leurs environnements pourrait s'apparenter au matérialisme culturel, une théorie anthropologique ayant vivement animé les débats au sein de la discipline dans la seconde moitié du XXe siècle[56] : les cultures humaines auraient une raison matérielle, au sens où elles se construiraient en s'adaptant à leur environnement. En géographie, cette théorie avait précédemment pris le nom de déterminisme. Dans les deux disciplines, cette indexation des différences culturelles sur des différences environnementales fut toutefois abandonnée, car « il n'y a rien d'automatique ou de prévisible dans la manière dont une société sélectionne tel ou tel aspect de son habitat pour le doter d'une signification particulière et l'intégrer à des constructions mythiques »[57]. Sans qu'il soit toujours possible de déterminer de manière nette une filiation, la proximité de la Nouvelle Droite avec certains anthropologues explique certainement des similitudes notables entre des théories scientifiques biologisantes et leur mise en exergue politique au sein de la mouvance néo-droitière.

La métaphore biologique fondant l'écologie néo-droitière ne s'arrête pas au déterminisme géographique. Cherchant des fondements scientifiques, celle-ci se présente comme une véritable écologie des populations érigée en principe

---

[56] Philippe Descola, *L'écologie des autres. L'anthropologie et la question de la nature*, Quæ, 2011, p. 112.
[57] Ibid, p. 14

politique de régulation[58]. Unifiant les groupes humains qui y participent, les cultures sont en effet considérées comme une composante de la biodiversité, c'est-à-dire comme des entités biologiques, au même titre que les espèces, les écosystèmes et les gènes[59]. Dans cette perspective biologisante, les cultures ne sont pas mélangeables, de la même façon que le mélange de deux espèces entraînerait leur disparition. Les cultures sont considérées comme des ensembles clos, qui ne peuvent se mélanger au risque de disparaître. Leur supposé « enracinement » dans un environnement donné permet de prolonger la métaphore biologique des relations entre cultures. Par analogie avec certaines théories ayant un temps prévalu en écologie scientifique, le système liant une population et son environnement de vie est considéré comme fondamentalement stable dans le temps. Aujourd'hui perçu comme réducteur, ce modèle considère en effet tout écart à cette stabilité naturelle comme le résultat d'une

---

58 Stéphane François, « Le blé noir. L'extrême-droite et l'écologie », *La Vie des Idées*, 2021, [en ligne].

59 Entretien avec Alain de Benoist dans *Fare verde*, une revue écologiste italienne, en mars-avril 2002. Le philosophe déclare notamment que « la différence entre les gènes de deux individus d'une même espèce représente une variation biologique élémentaire, mais déjà importante », sous-entendant qu'il en va de même pour les cultures, comparées aux gênes dans la phrase précédente.

perturbation extérieure au système. Les espèces invasives qui colonisent de nouveaux territoires font notamment partie des perturbations possibles. Dès lors, les populations extra-européennes en exil dans les pays européens sont considérées comme une espèce invasive, bien que l'expression ne soit pas nécessairement mobilisée. Elles seraient ainsi en pleine colonisation de l'Europe, dans une véritable actualisation écologique des thèses racialistes fondatrices de la Nouvelle Droite. En d'autres termes, les populations allogènes sont assimilées à une mise en danger des cultures européennes, mais aussi à la dégradation de leurs bases naturelles. S'opposer à toute forme d'immigration extra-européenne serait de fait une priorité identitaire et écologique, les deux registres apparaissant désormais comme confondus. L'ethno-différentialisme qu'avait adopté la Nouvelle Droite devient dès lors un éco-différentialisme synthétisant l'ancrage racial et culturel de l'écologie telle que la théorise l'extrême droite[60].

L'écologie néodroitière apparaît définitivement comme une synthèse cohérente des pensées néo-droitières. Certains thèmes classiques de la gauche sont repris et appropriés par la Nouvelle Droite. Plusieurs critiques classiques de la société

---

[60] Pierre Madelin, « La tentation écofasciste : migrations et écologie », *Terrestres*, 2020, [en ligne].

contemporaine, notamment sur le plan écologique, sont appropriées et réorientées vers une lecture réactionnaire du monde moderne. Mais la force de l'écologie néo-droitière ne réside pas seulement dans ce confusionnisme : son actualisation écologique de thèses fortes de la Nouvelle Droite représente une évolution doctrinale encore plus importante. D'une part, elle s'inscrit à la suite de théories d'ordre scientifique, généralement rejetées dans leur champ en raison de leur racialisme, qui défendent la supériorité de la race blanche sur toutes les autres. Cette supériorité s'expliquerait notamment par des raisons environnementales, considérées dans une logique tout à fait déterministe. D'autre part, le romantisme néo-droitier légitime sur le plan culturel, le rejet radical de la modernité sous toutes ses formes, notamment religieuses, le christianisme en étant la principale cible. Les deux registres se cumulent naturellement, selon les analogies écologiques décrites précédemment. L'ensemble débouche sur une théorie avec une forte cohérence interne : une écologie néo-païenne, fondée sur l'idée réactionnaire d'enracinement des cultures européennes dans leur environnement.

L'écologie n'étant pas qu'une question matérielle, ses dimensions spirituelles sont fréquemment discutées. La Nouvelle Droite n'échappe pas à la règle puisqu'une large partie de la mouvance est basée sur la réhabilitation des cultures païennes européennes disparues et la défense du néopaganisme à l'heure contemporaine. Antérieur à la conversion écologique de la Nouvelle Droite, ce projet culturel, politique et spirituel est légitimé à nouveaux frais par une réflexion écologique, adossée au nouvel éco-différentialisme qui caractérise désormais la branche écologiste de la mouvance. En matière spirituelle, l'idée fondatrice du néopaganisme réside dans la défense d'une harmonie spontanée entre les communautés humaines et la nature. Ce lien spirituel originel aurait été dégradé, par le désenchantement du monde moderne et le remplacement de l'attention spirituelle à la nature par sa pure exploitation méthodique. La défense d'une nouvelle forme écologique de société humaine devrait dès lors obligatoirement passer par le redéveloppement d'un lien spirituel avec la nature. Cette perspective, qui unifie les néopaganismes par-delà leurs divergences pratiques et syncrétiques, apparait de fait comme une constante. Au sein de la Nouvelle Droite, ce renouveau spirituel complète le tableau, liant rejet de la modernité et protection de la nature, cette dernière étant la source de la culture européenne qu'il faudrait protéger contre sa colonisation. Par son néopaganisme, la Nouvelle Droite hérite directement du passé ésotérique des doctrines fascistes[61], en prenant au sérieux ce qui n'était généralement que des mythes fondateurs. La mouvance néo-droitière en fait de véritables projets de société, défendant une vie communautaire organique et hiérarchisée, fermée à l'extérieur et patriarcale.

Le verrouillage réactionnaire de l'écologie intégrale

En France, l'Église catholique est longtemps apparue publiquement en retard dans son appropriation du problème écologique. Les raisons évoquées dans les analyses de ce retard sont multiples. La ligne libertaire qui domine le mouvement écologique a certainement maintenu à distance un certain nombre de catholiques, dont le conservatisme social s'accommodait mal de l'engagement des écologistes dans le mouvement féministe et pour les droits LGBT+[62]. Plus fondamentalement, la pensée écologique elle-même fut longtemps perçue comme contradictoire avec la théologie

---

[61] Stéphane François, *L'occultisme nazi*, CNRS Éditions, 2021, p. 232.

[62] Ludovic Bertina, « Le catholicisme et la question environnementale en France : les raisons culturelles d'un retard », *Revue Française d'Histoire des Idées Politiques*, vol. 44, n°2, 2016, p. 127-155.

catholique[63]. Suivant une thèse historique à fort retentissement, la théologie catholique fut même considérée comme la plus radicale forme d'anthropocentrisme, la consacrant comme la source première de la crise écologique contemporaine[64].

Lettres publiques envoyées par le pape à tous les évêques du monde, les encycliques de l'Eglise catholique ne sont pas vraiment des pièces doctrinales, mais plutôt des positionnements pontificaux sur des questions d'actualité. En 2015, le pape François a consacré la première encyclique de son pontificat[65], intitulée *Laudato Si*, à la question sociale et écologique. Dans ce texte, il invite explicitement les catholiques à s'engager ouvertement dans « la sauvegarde de la maison commune » de l'humanité[66]. Cette invitation repose notamment sur la reconnaissance claire des

[63] Elsa Deleage, « La reconnaissance d'« une écologie intégrale » par l'Église catholique ou la négation de l'idéologie écologiste française », *Société, droit et religion*, vol. 6, n°1, 2016, p. 299-330.

[64] Lynn White Jr., « The Historical Roots of Our Ecologic Crisis », *Science*, vol. 155, n°3767, 1967, p. 1203-1207.

[65] Officiellement, *Laudato Si* n'est que la deuxième encyclique du pontificat de François. Toutefois, la première parue en 2013 avait été essentiellement rédigée par son prédécesseur, le pape Benoît XVI.

[66] Le texte de l'encyclique Laudato Si est librement disponible, en français, sur le site internet du Vatican.

responsabilités humaines dans le déclenchement de la crise écologique, à partir d'une discussion sur le rôle complexe de la technique et du rejet explicite de l'anthropocentrisme. Le pape définit dès lors ce que devrait être une « écologie intégrale » couvrant toutes les implications – environnementales, sociales, économiques, générationnelles, quotidiennes et culturelles de la crise écologique. Si le pape François n'est pas le concepteur de l'écologie intégrale[67], dont les définitions sont nombreuses, voire divergentes[68], sa mobilisation du concept dans sa première encyclique diffusa ce dernier à l'échelle mondiale.

Malgré ce que laisse souvent penser son traitement médiatique, l'encyclique *Laudato Si* n'est pas la première intervention épiscopale sur le problème écologique. Elle s'inscrit, au contraire, à la suite d'une longue série d'interventions papales sur cette question, de Paul VI à François, en passant par Jean-Paul II et Benoît XVI[69]. Afin d'en expliciter les fondements théologiques, de nombreuses analyses ont épluché l'encyclique *Laudato Si* dans

---

[67] Florian Michel, « Écologie intégrale, écologie politique, christianisme. Remarques historiennes », *Communio*, vol. 272, n°6, 2020, p. 13-29.

[68] Christian Arnsperger et Dominique Bourg, *Écologie intégrale. Pour une société permacirculaire*, PUF, 2017.

[69] Ludovic Bertina, « Le catholicisme et la question environnementale en France… », art. cit.

le détail, débouchant sur une multitude d'interprétations politiques. Toutes s'accordent en effet sur la dimension sociale et écologique du texte, mais elles s'opposent lorsqu'il s'agit de tirer des conclusions politiques concrètes. Si sa théologie populaire n'est pas marxisante, comme peut l'être la théologie de la libération dont elle est proche, François fait la jonction avec les mouvements sociaux et écologiques, sans toutefois chercher à remplacer les organisations politiques[70]. L'écologie intégrale qu'il appelle de ses vœux prendrait dès lors une incontestable coloration sociale, voire progressiste.

Pourtant, son appropriation politique la plus visible en France est ouvertement réactionnaire. Elle s'organise notamment autour de la revue *Limite*, fondée en 2015 par des personnalités chrétiennes en provenance d'horizons politiques variés. Certains postes clés de la rédaction sont occupés par d'anciens membres (voire fondateurs) des Veilleurs – organisation satellite de La Manif Pour Tous, comme Gaultier Bès, directeur adjoint de la rédaction. Marianne Durano, son épouse, également active au sein des Veilleurs et autrice en 2018 d'un pamphlet antiféministe reposant sur une conception essentialiste et radicalement

---

[70] Michael Löwy, « Pontifex Maximus versus Kkapitalismus. Laudato si : une encyclique antisystémique », *Actuel Marx*, vol. 64, n°2, 2018, p. 74-85.

différentialiste du sexe humain, figure elle aussi dans la rédaction de la revue. Moins connue, la journaliste réactionnaire Eugénie Bastié qui n'a quitté la revue qu'en 2019, en était la cofondatrice et contributrice régulière en parallèle de ses activités au *Figaro*. Aujourd'hui, *Limite* ne compte plus qu'une vingtaine de membres moins médiatisés et malgré ces présences de personnalités réactionnaires au sein de la rédaction, *Limite* n'est que rarement associée à l'extrême-droite. Dans un euphémisme, elle est plutôt qualifiée de conservatrice dans le sens entier du terme : sur le plan social, à la suite de la droite conservatrice, mais aussi sur le plan écologique. Le projet de la revue réside en effet dans la synthèse de ces deux dimensions, rendue visible par le puissant antilibéralisme qui structure le propos de fond global de la revue[71]. Reprenant l'argumentaire classique de la droite conservatrice et de l'extrême droite, le libéralisme dit culturel est vivement critiqué[72], mais aussi le libéralisme économique. Suivant les grandes lignes des thèses masculinistes de Jean-

[71] Fabrice Flipo , « Limite : une revue conservatrice, mais pas d'extrême-droite », *Revue du MAUSS permanente*, 2019, [en ligne].

[72] Armand Chanel, « Les avatars du libéralisme culturel. Le cas du libéralisme des mœurs », *Idées économiques et sociales*, vol. 181, n°3, 2015, p. 59-68.

Claude Michéa[73], référence importante de la revue, ces deux libéralismes sont conçus comme un couple inséparable et représentatif de l'idéologie du progrès que combat ouvertement l'équipe de *Limite*. Comme le suggère également le qualificatif clouscardien « libéral-libertaire »[74], l'un accompagnerait nécessairement l'autre, impliquant forcément leur rejet en bloc. La trajectoire de Jean-Claude Michéa, du marxisme au conservatisme, ressemble à une simple inversion[75] : de sa formation progressiste, il a gardé la structure théorique, mais l'utilise désormais pour idéaliser les sociétés traditionnelles passées – c'est précisément l'attrait qu'y trouvent les membres de *Limite*.

Sa présence dans *Limite* illustre parfaitement la stratégie confusionniste de la revue : mobiliser des théories politiques contradictoires en les réorientant dans un récit politique réactionnaire, sur fond de conscience écologique. Ainsi, personnalités progressistes et réactionnaires se croisent, voire dialoguent, dans les colonnes de *Limite*.

---

[73] Tanguy Grannis, « Ces hommes qui détestent les femmes. Aux sources du masculinisme », *Revue du Crieur*, vol. 12, n°1, 2019, p. 4-21.

[74] Michel Clouscard, *Critique du libéralisme libertaire : généalogie de la contre-révolution*, 1986.

[75] Frédéric Lordon, « Impasse Michéa », *Contretemps*, 2017, [en ligne].

L'appréhension de ce pluralisme demande de la finesse. Il serait tentant d'y voir une pure manipulation, par la normalisation de la présence de personnalités progressistes dans une revue relayant régulièrement et ouvertement des thèses réactionnaires, afin d'attirer une audience croissante vers celles-ci. Le pluralisme de *Limite* n'est pas qu'une façade, mais bien un véritable projet politique écologiste basé sur la remise en cause du partage entre gauche et droite, entre progressissme et conservatisme. Cette revendication est explicite dans le manifeste de la revue, ainsi que l'ouvrage *Nos limites*[76], co-signé par deux de ses membres. Finalement, peu importe l'ancrage politique variable des personnalités qui y participent : seule compte ici la ligne politique de *Limite*.

Le relatif succès en librairie de *Limite* n'est que la partie émergée de l'iceberg : dans le sillage de la revue, une multitude d'organisations plus ou moins proches de l'intégrisme catholique s'assure du verrouillage réactionnaire de l'écologie intégrale[77]. Celle-ci ne concernant pas seulement

---

[76] Gaultier Bès, Marianne Durano et Axel Nogaard Rokvan, *Nos limites. Pour une écologie intégrale*, Le Centurion, 2014.

[77] Sixtine Chartier, « Doit-on en finir avec l'écologie intégrale ? », *La Vie*, 17 septembre 2021.

la protection de l'environnement, elle serait aussi une véritable écologie humaine, détournant alors une notion scientifique de son sens initial – en anthropologie, la notion d'écologie humaine désigne l'étude des rapports entre les sociétés et leurs natures[78]. Pour les intégristes, elle est surtout un synonyme d'apparence écologique de la bioéthique, un euphémisme aux allures savantes permettant aux réactionnaires de développer leur argumentaire contre les nouvelles techniques reproductives[79], voire pour remettre en cause le droit à l'avortement. Sans surprise au regard de l'ancrage politique de ses principales figures, les fondements de cette écologie intégrale sont foncièrement antiféministes et homophobes. Le discours est assurément essentialiste, ouvertement en opposition avec la théorie du genre accusée de prôner une « indifférenciation des sexes »[80]. En contrepied, l'écologie intégrale repose sur la reconnaissance de différences jugées naturelles

---

[78] George Guille-Escuret, « Écologie humaine », p. 328-330, in Alain Papaux et Dominique Bourg, *Dictionnaire de la pensée écologique*, PUF, 2015.

[79] Emmanuelle Yvert, « Bioéthique et techniques de reproduction », p. 105-115, in Juliette Rennes (éd.), *Encyclopédie critique du genre*, La Découverte, 2021.

[80] Virginie Julliard, « 'Théorie du genre', #theoriedugenre : stratégies discursives pour soustraire la 'différence des sexes' des objets de débat », *Études de communication*, n°48, 2017, p. 111-136.

entre les sexes, que la nature aurait toutefois rendus complémentaires. En offrant une nouvelle justification écologique au slogan « pro-vie » notamment plébiscité par les ennemis du féminisme, l'écologie intégrale réactive et reconfigure le vitalisme qui a longtemps animé les théories politiques réactionnaires. La revendication d'un droit à la vie apparaît effectivement comme authentiquement écologiste, au sens d'une défense du vivant dans sa globalité – des espèces en voie de disparition aux corps humains (et plus particulièrement les corps des femmes), qu'abîmerait une certaine techno-médecine artificielle. L'exemple de l'investissement du concept de vie ou de vivant par l'écologie intégrale relativise les bénéfices politiques des appels à l'émerveillement écologiste devant le monde biologique, déjà peu vindicatif sur le plan politique[81].

Deux notions en particulier synthétisent l'édifice théorique sur lequel repose l'écologie intégrale réactionnaire. La première est celle d'« enracinement » des personnes et des communautés humaines dans un territoire, sur une terre. Cet enracinement répond essentiellement au déracinement supposément provoqué par la société libérale

---

[81] Frédéric Lordon, « Pleurnicher le Vivant », *La pompe à phynance*, 2021, [en ligne].

mondialisée, ainsi que l'analyse Michéa – référence importante pour une partie influente de la rédaction de *Limite*[82]. La philosophe Simone Weil est souvent mobilisée pour légitimer l'idée d'enracinement, en référence à l'ouvrage tiré de son rapport commandé par le général de Gaulle[83]. Pourtant, l'enracinement que défend cette « anarchiste chrétienne » n'a rien à voir avec celui, ouvertement conservateur, que défend la revue *Limite*. En effet, il « ne consiste pas à maintenir des liens sociaux ou des structures sociales archaïques », mais s'inscrit au contraire dans une vision d'avenir, dans le contexte particulier de la Seconde Guerre mondiale[84]. Plus fondamentalement, le déracinement tant décrié correspondrait au fait de « repousser les limites »[85], laissant apparaître la seconde notion fondamentale de la conception réactionnaire de l'écologie intégrale : celle de limite. Que la principale publication francophone de ce courant en ait fait son nom n'est

---

[82] Ève Gianoncelli, « Des racines du socialisme à la politique chrétienne par la racine : l'union radicale conservatrice et ses limites », *Mots. Les langages du politique*, vol. 123, n°2, 2020, p. 29-46.

[83] Simone Weil, *L'Enracinement*, 1949.

[84] Jean-Marc Ghitti, « Simone Weil, l'une des sources philosophiques de la pensée écologique », *La Pensée Ecologique*, 2021, [en ligne].

[85] Gaultier Bès, Marianne Durano et Axel Nogaard Rokvan, *Nos limites…*, op. cit, 2014, p. 82.

pas un hasard. Au premier abord, la référence semble simplement être celle des limites planétaires dont le dépassement par les sociétés humaines aurait conduit à la crise écologique globale actuelle[86]. En réalité, les limites défendues par l'écologie intégrale réactionnaire dépassent largement la simple réalité matérielle. Il s'agit, plus généralement, des limites induites par « les lois de la nature », complétant la notion d'une dimension spirituelle affectant tous les aspects de la vie humaine[87]. Les nouvelles techniques reproductives ou l'homosexualité sont par exemple désignées comme étant contre-nature, car elles ne respectent pas une certaine conception réactionnaire (fantasmée) d'une nature rigide et implacable vis-à-vis des êtres humains. Ainsi, la limite n'apparaît pas comme un seuil, au sens d'un « possible non souhaitable », mais bien comme une borne, soit « un ordre extérieur qui s'impose » aux groupes humains[88]. Dans le cas de l'écologie intégrale réactionnaire, cet ordre décrit au premier abord comme simplement naturel s'ancre dans un ordre moral

---

[86] Aurélien Boutaud et Natacha Gondran, *Les limites planétaires*, La Découverte, 2020, p. 128.

[87] Stéphane Lavignotte, « La nature de leurs limites », *Terrestres*, 2019, [en ligne].

[88] Miguel Benasayag, et Léo Coutellec, « Nos limites ne sont pas les leurs. De la nécessité d'une approche critique de la notion de limite », *Écologie & politique*, vol. 57, n°2, 2018, p. 117-132.

et religieux plus général, dont l'outrepassement par les sociétés humaines aurait provoqué leur décadence. Face à ce qui est perçu comme emballement libéral général et sans limites, l'écologie intégrale défend donc le ré-enracinement des groupes humains dans leur organisation traditionnelle, supposée conforme à sa forme naturelle.

Malgré son évident prisme réactionnaire, associer la revue *Limite* – et par extension l'ensemble de l'écologie intégrale – à l'extrême droite serait injuste, puisque le racisme (biologique ou culturel) ne ferait pas partie du socle idéologique de la revue[89]. Cette particularité réelle de l'écologie intégrale réactionnaire pourrait presque faire passer celle-ci pour une sensibilité politique modérée, par rapport à sa prédécesseuse qu'est l'écologie néo-droitière, dont le racisme est structurant. La ligne de *Limite* serait en effet plutôt conservatrice que réactionnaire, puisque la revue « refuse l'abstrait et le possible pour se concentrer sur l'ici et maintenant » en s'opposant au libéralisme sous toutes ses formes[90]. La preuve concrète serait qu'elle « couvre un champ allant du centre à la droite extrême » : une défense qui se prend littéralement les pieds dans le tapis, puisque

[89] Jean-Louis Schlegel, « Les limites de *Limite* », *Esprit*, n°1-2, 2018, p. 207-212.
[90] Fabrice Flipo , « Limite : une revue conservatrice… », art. cit.

l'expression droite extrême s'apparente souvent à une version euphémisée de celle d'extrême droite, trop frontale[91]. L'écologie intégrale n'aurait donc pas grand-chose à voir avec l'écologie néo-droitière, car « *Limite* n'est pas la revue de Frédéric Rouvillois, ni d'Alain de Benoist ». Plusieurs analyses mettent pourtant en évidence leur grande proximité idéologique, puisque ces deux formes réactionnaires d'écologie politique reposent en premier lieu sur la défense radicale d'un ordre social indexé sur de supposées hiérarchies naturelles, malgré leurs sources spirituelles parfois contradictoires[92]. Toutes deux reposent également sur « une conception cyclique de l'histoire, une prétention révolutionnaire susceptible de s'incarner dans une reprise du vocabulaire progressiste qui va de pair avec sa négation »[93]. Dans sa croisade contre la supposée décadence des sociétés libérales modernes, l'écologie intégrale construit de fait, un récit analogue au déclinisme caractérisant toutes les doctrines fascistes, qui s'ancrent dans la croyance selon laquelle l'humanité est en

---

[91] Évelyne Saunier, « Droite extrême vs extrême droite : échiquier politique et position de l'adjectif », *Mots. Les langages du politique*, n°119, 2019, [en ligne].

[92] Zoé Carle, « Contre-révolutions écologiques. Quand les droites dures investissent la défense de la nature », *Revue du Crieur*, vol. 8, n°3, 2017, p. 44-61.

[93] Ève Gianoncelli, « Des racines du socialisme à la politique chrétienne par la racine… », art. cit.

pleine dérive morale et ne peut atteindre l'ordre social réactionnaire que visent les fascistes. L'idée d'un déracinement provoqué par la mondialisation et/ou le libéralisme anime également les deux sensibilités écologistes réactionnaires (écologies intégrale et néo-droitière), qui font toutes deux de l'« enracinement » un élément central de leur projet politique. Ainsi, « bien qu'ils ne l'assument pas, et quelle que soit la nature de la filiation, directe ou indirecte, les nouveaux conservateurs sont des héritiers de la Nouvelle droite et d'Alain de Benoist. Ils se réapproprient comme lui des références de gauche qui ne dissimulent pas leur idéologie conservatrice et s'inscrivent dans une stratégie rhétorique potentiellement déroutante, mais non inédite, héritière notamment de la Révolution conservatrice allemande »[94]. De cette convergence idéologique manifeste, il sera possible de mettre en évidence la « nature » de l'écofascisme contemporain, qui les rassemble malgré leur variété.

L'écologie et l'extrême droite électorale, hier et aujourd'hui

Dans la plupart des démocraties libérales occidentales, l'extrême droite électoraliste s'ancre plutôt dans le climatoscepticisme et la défense du

[94] Ibid.

mode de vie impérial que dans la pensée écologique[95]. Des travaux en sciences sociales ont déjà largement détricoté ce qui structure la défense conjointe des énergies fossiles et des ordres sociaux inégalitaires, par exemple le concept de pétro-masculinité met en évidence l'imbrication des discours patriarcaux et climatosceptiques, notamment chez les suprémacistes blancs américains[96]. Paradigmatique, le cas du Front National illustre bien l'hostilité animant l'extrême droite vis-à-vis de l'écologie politique. Nombre de slogans anti-écologistes, qu'elle diffuse largement, reposent sur des analogies foncièrement racistes. Celui de Khmers verts cible la dimension supposément autoritaire de l'écologie politique, en référence au mouvement militaro-politique des Khmers rouges, à la tête du Cambodge entre 1975 et 1979. Durant cette période, le régime politique en place était incontestablement dictatorial, et c'est cette caractéristique que l'expression Khmers verts entend reprendre en détournant le surnom du mouvement des Khmers rouges[97]. L'emballement islamophobe

---

[95] Zetkin Collective, *Fascisme fossile*, op. cit.

[96] Cara Daggett, « Petro-Masculinity: Fossil Fuels and Authoritarian Desire », *Millennium*, vol. 47, n°1, 2018, p. 25–44.

[97] Sa dimension raciste réside dans l'inculture qu'elle démontre : les khmers sont tout simplement les cambodgiens, les deux appellations étant quasi-interchangeables. Accuser les écologistes d'être des Khmers verts n'a donc pas un grand sens politique et ne vise qu'à insulter la société et la diaspora cambodgiennes.

depuis les années 2000 a fait apparaître de nouvelles analogies racistes pour critiquer les écologistes, comme celle d'ayatollahs de l'écologie, fréquemment utilisée dans l'espace médiatique. Dans un raisonnement parfaitement complotiste, Éric Zemmour a même associé l'écologie et l'islam au prétexte qu'elles partagent la couleur verte[98], adossant sa critique de l'écologie politique à l'islamophobie qui structure son discours. Ces slogans racistes révèlent assez clairement la cible privilégiée de l'extrême droite : les personnes racisées en particulier, plutôt que celles écologistes en général. L'accusation vis-à-vis des secondes concerne précisément le fait qu'elles feraient le jeu des premières – cela est explicite chez Éric Zemmour, qui justifia sa théorie complotiste précédemment cité en désignant les écologistes comme des « multiculturalistes, […] immigrationistes, […] sans-frontiéristes assumés »[99]. Considérer sérieusement la place de l'écologie à l'extrême droite nécessite toutefois de dépasser ces expressions publiques les plus visibles. L'analyse en détail du rapport qu'entretient le Front National à cette question dont l'importance est croissante permet de révéler que l'écologie n'est jamais complètement exclue des analyses du parti, tout en restant pour l'heure dans ses marges.

---

98 Intervention sur le plateau de CNEWS, le lundi 29 juin 2020.
99 Ibid.

Les principaux travaux sur l'histoire du parti frontiste[100], voire de l'extrême droite française plus largement[101], n'accordent à juste titre qu'une importance très marginale (voire nulle) à l'écologie dans leurs analyses. De toute évidence, la haine de l'écologie a longtemps dominé au sein du parti[102], jusqu'à aujourd'hui. Lors de sa création, le Front National ne s'intéresse absolument pas à l'écologie, au sens contemporain du terme. Quelques-unes de ses propositions sont éventuellement teintées d'une forme de ruralisme, en défense d'un monde agricole productiviste, mais traditionnel, reflétant la ligne économique nationale-libérale du parti frontiste. Son premier programme électoral, construit pour les élections législatives de 1973, inclut ainsi la défense des agriculteurs parmi une multitude d'autres orientations traditionnalistes, largement documentées par ailleurs[103]. Ce positionnement ruraliste conservateur se retrouve encore aujourd'hui, dans la

---

[100] Dominique Albertini et David Doucet, *Histoire du Front national*, Tallandier, 2014, p. 384. Erwan Lecœur, *Un néo-populisme à la française. Trente ans de Front national*, La Découverte, 2003.

[101] Jean-Paul Gautier, *Les extrêmes droites en France de 1945 à nos jours*, Syllepses, 2017, p. 528.

[102] Jean-Paul Gautier, « De la haine de l'écologie au greenwashing nationaliste ? Le RN et l'environnement », *Contretemps*, 2021, [en ligne].

[103] Grégoire Kauffmann, « Les origines du Front national », *Pouvoirs*, vol. 157, n°2, 2016, p. 5-15.

haine des bobos urbains, auxquels est opposé le vrai peuple Français habitant en campagne[104] ; reprenant ainsi le concept raciste de France périphérique de l'essayiste Christophe Guilluy[105]. Pendant les deux premières décennies du parti, la question écologique était ainsi complètement absente, réduite à quelques propositions simplistes qui caractérisent toujours le rapport majoritaire du parti à cette thématique.

D'autres positionnements ont toutefois existé parmi les frontistes. De façon marginale, une conception raciale et identitaire de l'écologie s'est en effet développée au sein du principal parti d'extrême droite, sur plusieurs décennies. L'influence de la Nouvelle Droite est évidente, bien que les emprunts politiques à celle-ci ne soient souvent que partiels – comme l'indique l'étude des rapports entre le Front National et le monde intellectuel[106].

---

[104] Anaïs Collet et Jean Rivière, « Les bobos dans la presse française : retour sur la politisation d'une catégorie », p. 17-32, in Jean-Yves Authier, Anaïs Collet, Colin Giraud, Jean Rivière et Sylvie Tissot (dir.), *Les bobos n'existent pas*, Presses universitaires de Lyon, 2018.
[105] Cécile Gintrac, et Sarah Mekdjian, « Le peuple et la « France périphérique » : la géographie au service d'une version culturaliste et essentialisée des classes populaires », *Espaces et sociétés*, vol. 156-157, n°1-2, 2014, p. 233-239.
[106] Philippe Raynaud, « La nébuleuse intellectuelle du Front national », *Pouvoirs*, vol. 157, n°2, p. 2016, 75-84.

Avant de quitter le parti en 1998 pour fonder le Mouvement national républicain, Bruno Mégret fut un cadre frontiste pendant plus d'une dizaine d'années – en parallèle de sa carrière de cadre du privé (chez Bouygues) et de haut fonctionnaire (au Conseil général de l'environnement et du développement durable). Il s'impose même comme le numéro deux du parti, derrière Jean-Marie Le Pen. Dans les années 90, il commence à porter ouvertement la question écologique au sein de son organisation, dans une orientation explicitement raciale et identitaire. Parmi ses proches, Mégret compte notamment Pierre Vial, ancien membre actif du GRECE, historien médiéviste théoricien d'une écologie enracinée dans la terre. Le cadre frontiste reprend ainsi l'essentiel du discours écologique néo-droitier liant écologie et identité, en affirmant notamment que « défendre la faune, la flore, les sites, le patrimoine, c'est défendre ce que l'on est, c'est défendre son identité, sa vie »[107]. Bien qu'il tranche radicalement avec la ligne majoritaire au sein du parti, cet engagement écologique ne semble pas faire partie des raisons de l'exclusion de Mégret du Front National, en 1998. Cette percée écologique ne fut ainsi que de courte durée, puisqu'« après la scission mégrétiste, le thème de

---

[107] Bernard Fromentin, « Le FN programme un national-écologisme. Mégret vante les lois naturelles », *Libération*, 18 novembre 1996.

l'écologie est remisé au profit de la critique des Verts »[108].

Malgré l'agitation temporaire de Mégret sur la thématique écologique, le productivisme règne toujours en maître au sein du Front National. La défense absolue de l'agriculture industrielle et de l'industrie électronucléaire, considérés par Jean-Marie Le Pen puis Marine Le Pen comme reflets de la puissance nationale, illustre bien ce rapport distant au problème écologique. Depuis les années 2010, plusieurs personnalités ouvertement écologistes ont toutefois rejoint le parti, participant au verdissement de son socle idéologique et de ses programmes. Si l'intégration de ces intellectuels pourrait s'apparenter à un simple greenwashing du Front National, le discours de ces nouvelles figures du parti reste authentiquement écologiste. Qu'il ne soit pas encore devenu majoritaire parmi les frontistes ne doit pas empêcher de garder une vigilance vis-à-vis de son développement.

Figure du mouvement identitaire, Laurent Ozon est avant tout un écologiste radical, héritier direct des théories de la Nouvelle Droite. Depuis plusieurs décennies, il contribue à diverses revues d'inspiration néo-droitière comme *Le Recours*

---

[108] Jean-Paul Gautier, « De la haine de l'écologie au greenwashing nationaliste… », art. cit.

aux forêts (dont il fut directeur de 1994 à 2000) ou *TeKoS*, et par ailleurs à des publications décroissantes comme *S!lence*. Ozon y défend une forme d'écologie profonde, hostile à l'humanisme qui justifierait l'exploitation de la nature. Selon lui, la communauté organique, au sens de groupe humain organisé en fonction de supposées hiérarchies naturelles, serait la norme dans l'histoire. L'immense majorité de l'humanité aurait ainsi existé sous cette forme naturelle et stable, les sociétés complexes modernes ne seraient qu'une exception dans l'histoire. La communauté est ainsi conçue comme la forme naturelle d'organisation des groupes humains, l'héritage de la Nouvelle Droite apparaît ici évident. Son passage au Front National est littéralement fulgurant : directement propulsé au sein du bureau politique du parti en janvier 2011, il rompt son engagement dès août de la même année, après avoir justifié l'attentat terroriste du néonazi Anders Breivik par « l'anarchie migratoire » dont serait victime l'Europe[109]. Ce passage éclair d'Ozon au Front National pourrait sembler illustrer le greenwashing auquel s'adonnerait l'extrême droite dès lors qu'elle s'intéresse à la question écologique.

---

[109] Olivier Faye, Abel Mestre et Caroline Monnot, « FN : le malentendu Laurent Ozon », *Le Monde*, 15 août 2011.

L'étape suivante de ce greenwashing résiderait dans le recrutement d'Hervé Juvin, essayiste économique et écologiste depuis les années 90, sur la liste du Rassemblement National[110] aux élections européennes;il fut élu, sans adhérer au parti. Son principal essai consacré à l'enjeu écologique s'apparente à une véritable synthèse des thèses néo-droitières : il y défend une écologie des civilisations qui « préserve la diversité des sociétés humaines comme condition de la paix, de la coopération et de la survie –et qui les préserve des agressions extérieures, contre leurs milieux de vie et leurs systèmes sociaux »[111]. Juvin extrapole ainsi la métaphore biologique qu'avait notamment construite la Nouvelle Droite, en considérant les civilisations elles-mêmes comme des produits biologiques qu'il faudrait protéger, au nom de la biodiversité. En 2021, il lance officiellement un nouveau parti politique, *Les Localistes*, avec Andrea Kotarac;transfuge de la France Insoumise, devenu assistant parlementaire européen de Juvin. Cette nouvelle organisation dans la galaxie du Rassemblement National apparaît comme la concrétisation politique des thèses que défend l'essayiste depuis de nombreux années : l'échelle

---

[110] Le parti a changé de nom entre temps, passant de Front National à Rassemblement National, en 2018.

[111] Hervé Juvin, *La Grande Séparation. Pour une écologie des civilisations*, Gallimard, 2013, p. 316.

locale comme base d'une société fondée sur la différence et la séparation des cultures et civilisations. Au premier abord, cet engagement localiste pourrait sembler opportuniste, à l'heure où les préoccupations pour l'échelle locale se renforcent sous les pressions écologiques. Pourtant, il s'inscrit parfaitement à la suite des théories défendues par Hervé Juvin, héritées ouvertement de la Nouvelle Droite;en 2017, l'essayiste a rejoint la rédaction de la revue *Éléments*. Le nouveau parti Les Localistes n'est pour l'heure qu'un groupuscule gravitant autour du Rassemblement National. Il s'appuie toutefois sur un manifeste avec une forte cohérence politique interne[112], construit pour capter l'élan localiste qui traverserait aujourd'hui la société française.

La lecture de l'évolution du Front National puis du Rassemblement National au prisme de la question écologique du greenwashing est tentante. En surface, elle permet de délégitimer l'écologie d'extrême droite, qui n'aurait aucune consistance par rapport à la situation écologique réelle puisqu'elle se réduirait à de l'opportunisme électoral, à une récupération politicienne. Une telle lecture occulte dangereusement les convergences idéologiques profondes entre les théoriciens écofascistes (de la Nouvelle Droite, mais pas

---

[112] Manifeste du parti *Les Localistes*, disponible en ligne.

uniquement) et la principale formation électorale d'extrême droite. Des divergences existent aussi, notamment sur la question européenne – le Front National et le Rassemblement National restent des partis prioritairement nationalistes, tandis que les écologistes identitaires cherchent surtout à défendre l'Europe en tant que civilisation. Ces oppositions tendent toutefois à être lissées, les propositions électorales ne demandant pas nécessairement de véritable cohérence idéologique – cette simplification est explicite dans le cas de Laurent Ozon, qui rejoint le parti en connaissance de ses divergences politiques avec la ligne dominante de ce dernier. La nouvelle dynamique localiste récemment enclenchée par Juvin et Kotarac appelle dès lors à la vigilance, pour que cette échelle politique ne devienne pas la chasse gardée de l'extrême droite.

Encore peu mobilisé aujourd'hui, le concept d'éconationalisme désigne le mouvement dans lequel « le nationalisme prend la forme de l'écologie pour agir au grand jour »[113]. En d'autres termes, l'« imaginaire national » [114] est renouvelé,

[113] Tudi Kernalegenn, « Ecologie et régionalisme », *Les Notes de la FEP*, n°9, 2016.

[114] Benedict Anderson, *L'imaginaire national. Réflexions sur l'origine et l'essor du nationalisme*, La Découverte, 1996.

complété par une nouvelle dimension d'ordre écologique. Parti nationaliste depuis ses débuts, le Front National ne peut pas être qualifié d'éconationaliste à l'heure actuelle, malgré son appropriation croissante de l'enjeu écologique. Depuis l'arrivée d'Hervé Juvin au sein du parti, la nouvelle dynamique verte qu'il y impulse en compagnie d'André Kotarac n'a pas encore fait évoluer le socle idéologique de la plupart des cadres frontistes, ni des adhérent-es. Plus fondamentalement, le concept d'éconationalisme diverge en plusieurs points des quelques formes d'écofascisme précédemment décrites. Ni l'écologie néo-droitère, ni l'écologie intégrale réactionnaire ne font reposer leurs projets politiques sur le fantasme d'une nation, à laquelle il faudrait redonner corps. Elles défendent plutôt l'enracinement communautaire à l'échelle locale – en faisant le lien, dans le cas de la Nouvelle Droite, avec le fantasme d'unité culturelle/raciale de l'Europe.

La nature de l'écofascisme

Après son examen approfondi, la situation actuelle a vraiment de quoi être effrayante. D'une part, le discours écologique offre des prises pour des appropriations réactionnaires de ses analyses et mots d'ordre. Bien que reconnues comme particulièrement ambivalentes, nombre de questions fondamentales ne sont pas éclaircies parmi les écologistes (comme celles du rapport à la modernité ou des justifications de la décroissance). D'autre part, l'extrême droite s'est largement renouvelée sur le plan idéologique, bien que cela ne soit que partiellement visible dans les organisations électoralistes. De nouvelles questions sont en effet appréhendées par les idéologues réactionnaires, l'écologie en tête. Ce double processus de fascisation de l'écologie et d'écologisation du fascisme converge vers ce qu'il est désormais nécessaire de considérer comme relevant de l'écofascisme. Ce chapitre a pour objectif de clarifier les différentes réalités idéologiques et matérielles que peut – ou pourrait prochainement, recouvrir ce terme. Ce travail nécessite d'abandonner les usages abusifs du concept, recensés en introduction.

Caractériser l'écofascisme nécessiterait, dans un premier temps, de mobiliser une définition consensuelle du fascisme à partir de laquelle travailler. Aucune n'émerge pourtant des profonds débats historiographiques sur la question[1]. Des enseignements méthodologiques peuvent tout de même en être tirés, comme la nécessité d'une analyse trialectique : le fascisme n'est pas une idéologie, un mouvement politique ou un régime politique, mais il se définit à partir de ces trois formes et de leurs interactions. Leurs rapports peuvent en effet infléchir l'une ou l'autre de ces formes, en fonction d'un contexte historique particulier, de trajectoires militantes singulières ou encore de réflexions idéologiques nouvelles. Se focaliser uniquement sur l'une ou l'autre de ces possibilités d'évolution du fascisme empêche de prendre la pleine mesure de ses profondes réorientations

---

[1] Olivier Forlin, *Le fascisme. Historiographie et enjeux mémoriels*, La Découverte, 2013, p. 406.

doctrinales et stratégiques[2]. Dans le cas de l'écofascisme, cette précision s'avère particulièrement importante, puisque celui-ci apparaît comme une nouveauté historique et idéologique.

Les lectures matérialistes du fascisme considèrent celui-ci comme une réponse réactionnaire à la crise du capitalisme. La bourgeoisie s'engouffrerait dans cette solution nationaliste et autoritaire, considérée comme provisoirement nécessaire pour garantir les intérêts économiques de classe sociale propriétaire des moyens de production. Si ces analyses ont l'avantage de mettre en évidence l'intérêt bourgeois au soutien du fascisme, elles ne permettent pas de considérer la part idéologique du fascisme. Ainsi étudié, le fascisme n'est pas considéré comme le produit de la trialectique idéologie-mouvement-régime, mais seulement comme une force politique, comme un mouvement. De fait, avec un tel cadrage, les analyses précédentes de la fascisation de l'écologie

---

[2] Le travail de Zeev Sternhell sur les origines supposément françaises du fascisme fut vivement critiqué par d'autres historien·nes, notamment spécialistes d'histoire sociale. Le chercheur israélien se concentrerait en effet sur le plan des idées, au détriment de la concrétude des mouvements politiques dont il discute l'influence. Voir l'hommage critique que lui a rendu Enzo Traverso à sa mort, « Lumières et anti-Lumières. L'histoire des idées de Zeev Sternhell », *Contretemps*, 23 juin 2020, [en ligne].

et de l'écologisation du fascisme apparaîtraient obsolètes, puisque ces processus sont avant tout de nature idéologique. Une étude conséquente de l'écofascisme passe nécessairement par l'actualisation des lectures matérialistes, en le considérant sous toutes ses formes possibles.

Parmi tous les possibles, une concrétisation en particulier mérite d'être évoquée préalablement : l'écofascisme comme successeur naturel du fascisme. L'idée d'une succession naturelle impliquerait que le passage du fascisme à l'écofascisme se fasse sans difficulté, sur le plan idéologique comme organisationnel. D'après les débats historiographiques et leurs déclinaisons nationales[3], le fascisme, en tant que projet politique, s'apparente à une réconciliation/collaboration[4] des classes sociales dans l'intérêt suprême de la nation, en contexte de grave crise économique et politique. Ce projet est fondamentalement antimarxiste : ce n'est pas l'existence même des classes qui est réfutée, mais le fait qu'elles

[3] Emilio Gentile, *Qu'est-ce que le fascisme ? Histoire et interprétation*, Gallimard, 2004.

[4] Les deux termes concernent des contextes nationaux différents. L'idée de « réconciliation nationale » est un lieu commun de l'extrême-droite française, dont sa branche fasciste se saisit en l'articulant à son antimarxisme. La « collaboration des classes » est quant à elle un mot d'ordre caractéristique du fascisme italien.

soient en lutte constante, en raison de leurs intérêts matériels divergents. Au contraire, pour les fascistes, les intérêts des différentes classes convergent dans l'intérêt national, qui justifie l'ordre social hiérarchique et inégalitaire que reflète justement la société de classes. La crise à laquelle répondrait la montée actuelle du fascisme reprend nombre de caractéristiques de situations passées, mais elle est assortie d'une nouvelle dimension : aujourd'hui, la crise est également écologique. Cette spécificité semble induire d'importantes recompositions idéologiques et stratégiques, qui peuvent désormais être regroupées sous le terme pertinent d'écofascisme.

Si l'écofascisme était effectivement le successeur naturel du fascisme, alors la constitution du premier en mouvement politique visant un régime écofasciste devrait prendre la même forme que le second a toujours prise dans l'histoire : une réponse autoritaire dans laquelle s'engouffre la bourgeoisie, pour protéger ses intérêts économiques dans un contexte de crise du capitalisme. Seul le contenu idéologique maquillant le projet (éco)fasciste changerait, afin de correspondre aux enjeux écologiques auxquels le fascisme écologisé prétendrait répondre. Cette conception de l'écofascisme considère celui-ci comme un simple greenwashing du fascisme, laissant de côté la profondeur et les implications matérielles de ses reconfigurations idéologiques vis-à-vis du problème écologique. L'écofascisme n'apparaît donc pas comme une menace en propre, mais simplement comme une nouvelle façade du fascisme. Lutter contre l'écofascisme ne nécessiterait ainsi aucune adaptation des stratégies antifascistes existantes, qui s'attaquent au fond du problème plutôt qu'à sa façade changeante. Contre cette lecture trompeuse de l'écofascisme comme simple greenwashing du fascisme, la menace qu'il représente doit être prise au sérieux. Tel est l'objectif du présent travail de caractérisation de l'écofascisme : identifier les lignes de fracture entre fascisme et écofascisme, pour comprendre dans quelle mesure le second est différent des formes bien connues du premier.

L'exigence analytique devrait imposer de toujours parler d'écofascisme au pluriel, en raison de sa pluralité doctrinale et de ses revendications territoriales différenciées – la même question soustend un vif débat historiographique entre spécialistes du fascisme[5]. La détermination d'une matrice commune du fascisme pose toutefois question chez les historien-nes et les antifascistes, pour des raisons différentes. En histoire, l'idée

[5] Olivier Forlin, *Le fascisme*, op. cit.

d'un socle commun à toutes les formes de fascisme pose un certain nombre de problèmes définitionnels, rendant plus ou moins légitime le recours à la catégorie de fascisme selon les contextes politiques/nationaux étudiés. En matière d'antifascisme, l'idée d'une liste de critères pour reconnaître le fascisme fut quant à elle critiquée, car elle laisserait apparaître le fascisme partout, gênant finalement son identification lorsqu'il est vraiment là[6]. Au contraire, la définition de l'écofascisme proposée ici se veut restrictive, en prenant le contrepied des usages extensifs antérieurs du terme. La différenciation culturelle et territoriale en étant l'un des principaux éléments doctrinaux et stratégiques, le projet semble toutefois plus pertinent pour caractériser l'écofascisme : sa vocation est précisément de prendre une multiplicité de formes, plutôt que de répliquer un régime-modèle d'un territoire à un autre. Ainsi, pris au pluriel ou au singulier, l'écofascisme devra toujours être considéré comme multiple, et l'on cherchera justement à comprendre ce qu'implique, politiquement, cette multiplicité.

L'écologie des fascismes historiques

Lorsqu'il est question de fascisme et d'écologie, une thèse est souvent mobilisée : en raison de la place de la nature dans son socle idéologique, le

[6] Umberto Eco, *Reconnaître le fascisme*, Grasset, 2017.

fascisme aurait toujours été un écofascisme[7]. Sur cette base, certaines critiques de l'écologie (politique, mais pas seulement) font de cette mouvance une héritière de l'intérêt fasciste pour la nature. Les deux thèses : le fascisme aurait toujours été un écofascisme, l'écologie aurait des origines fascistes, se répondent, reposant sur l'idée commune d'une parenté partagée entre fascisme et écologie. Pour étayer cette affirmation, les arguments fallacieux ne manquent pas. Le plus fréquent est assurément celui reposant sur le supposé végétarisme d'Adolf Hitler, alors considéré comme preuve ultime de l'hypothétique origine nazie de ce régime alimentaire[8]. Parce que nombre d'écologistes l'ont également adopté, le végétarisme devient, par association, une caractéristique intrinsèque de l'écologisme, lui-même considéré comme vecteur du fascisme à son tour. Les sources intellectuelles des préoccupations écologistes et animalistes sont pourtant longtemps apparues comme radicalement divergentes[9]. La récurrence dans les

---

[7] Philippe Pelletier, « Écofascisme », p. 306-308, in Groupe Cynorhodon (coord.), *Dictionnaire critique de l'anthropocène*, CNRS Éditions, 2020, 944 p. Sous une forme plus développée, voir également Philippe Pelletier, *Le puritanisme vert. Aux origines de l'écologisme*, Le Pommier, 2021.

[8] Johann Chapoutot, « Hitler était-il végétarien ? », *L'Histoire*, n° 466, décembre 2019.

[9] Corine Pelluchon, « Écologie et cause animale : les raisons d'un mariage tardif », p. 147-166, in *Réparons le monde. Humains, animaux, nature*, Rivages, 2020.

débats contemporains de la thèse d'un fascisme ayant toujours été un écofascisme repose toutefois sur des éléments historiques plus sérieux, qui méritent une véritable analyse réfléchie. Bien que le fascisme de manière générale soit ciblé par ces discours, le nazisme et le fascisme français concentrent manifestement l'essentiel des arguments.

Sur le plan idéologique, le nazisme s'inscrit notamment à la suite du mouvement *völkisch*\, un courant intellectuel et politique allemand de la fin du XIXe siècle et du début du XXe siècle. Celui-ci repose avant tout sur une conception ethno-nationaliste du peuple – *Volk* en allemand, dont il défend la régénération. En effet, « les militants *völkisch* sont animés par une très forte angoisse existentielle, la peur panique de voir dégénérer ou disparaître le peuple allemand » sous ce qui est considéré comme une menace juive, d'abord, mais également slave ou de toute race considérée comme inférieure[10]. En ce sens, ils forment le terreau politique des thèses principales de la Révolution conservatrice allemande, qui s'inquiète plus généralement du déclin de l'Occident[11];sur le plan culturel, mais également racial, les deux apparaissant souvent comme

[10] Martin Saintemarie, *Les Armatans. Espoirs et déceptions d'un mouvement de jeunesse völkisch (1924-1939)*, mémoire de Master 2 sous la direction de Johann Chapoutot, 2019.
[11] Oswald Spengler, *Le Déclin de l'Occident*, Verlag C. H. Beck, 1918-1923.

indissociables. Particulièrement protéiforme, l'idéologie *völkisch* se caractérise par son appui sur deux principaux registres argumentaires, distincts, mais complémentaires[12]. D'une part, elle s'ancre dans une véritable raciologie, chargée de singulariser biologiquement la race germanique dont les Allemands sont les représentants[13]. D'autre part, ce suprémacisme pseudo-scientifique est complété de thèses ésotériques d'inspiration païenne, auxquelles adhéraient souvent les scientifiques racialistes eux-mêmes[14]. Cette conception de la race nourrit une géographie bien particulière. La modernité, notamment urbaine, est identifiée comme la cause ultime de la détérioration de ce lien naturel entre le sol et le sang, contribuant de fait à la dégénérescence du peuple germanique[15]. Les villes sont ainsi considérées comme contre nature, favorisant le nomadisme des individus, à la différence des communautés paysannes traditionnelles, proches de la nature et encore enracinées dans leurs terres d'origine. Liant la communauté de sang germanique au sol qui l'a vue naître, la métaphore de l'enracinement est fondatrice dans

[12] George L. Mosse, *Les racines intellectuelles du Troisième Reich. La crise de l'idéologie allemande*, Le Seuil, 2008.

[13] Hans F. K. Günther, *Rassenkunde des deutschen Volkes (Raciologie du peuple allemand)*, 1922.

[14] Stéphane François, « La Nouvelle Droite et les Indo-Européens », *Terrain*, n°56, 2011, p. 136-151.

[15] Martin Saintemarie, *Les Armatans*, op. cit.

le projet politique *völkisch*. Elle motive notamment la régénération du peuple germanique par son retour à la terre, c'est-à-dire son installation hors des villes, sous la forme idéale de communautés paysannes à l'organisation hiérarchique[16]. Les expériences *völkisch* s'inscrivent plus généralement dans le mouvement de réforme de la vie qui agite l'Allemagne au début du XXe siècle[17]. Prônant une plus grande proximité avec la nature, celui-ci défend la vie non-urbaine ainsi qu'un certain nombre de pratiques proto-écologiques, notamment le végétarisme, qui n'est toutefois pas toujours pratiqué strictement[18]. Sa composition idéologique est plurielle, mais reflète une certaine tendance antimoderne au sein du peuple allemand, constituant un terreau fertile pour le déploiement du nazisme.

La doctrine nazie reprend nombre d'ingrédients idéologiques du mouvement *völkisch*, notamment sa dualité raciologique/ésotérique, sa métaphore de l'enracinement et son lien entre le sol et le sang. L'anthropologie nazie prend en effet la forme de pratiques scientifiques visant à

---

[16] Martin Saintemarie, *Les Armatans*, op. cit.

[17] Catherine Repussard, « Conceptions 'alternatives' de la relation homme-animal dans l'espace germanophone (XIXe-XXe siècle) », *Allemagne d'aujourd'hui*, vol. 230, n°4, 2019, p. 116-125.

[18] Martin Saintemarie, *Les Armatans*, op. cit.

établir la supériorité raciale germanique, laquelle repose sur une mythologie néopaïenne[19]. Le lien organique entre le sol et le sang prendra la forme, sous le nazisme, de la doctrine *Blut und Boden* (littéralement « le sang et le sol ») fondant la politique agricole nazie[20]. L'idée de nature est sous-jacente à ces éléments doctrinaux, voire les synthétise dans un ensemble cohérent. La race germanique est ainsi considérée comme véritable prolongement de la nature, à tel point que « les nazis conçoivent le peuple (*Volk*, *Rasse*), non pas comme un artéfact, une construction culturelle (ils répudient cette vision, issue selon eux de la Révolution française), mais comme une entité naturelle, comme un organisme vivant doté de sa cohérence, défini par son intégrité et sa solidarité interne, et régi par la nécessité naturelle »[21]. Cette conviction profonde d'une origine naturelle du peuple allemand fonde notamment la révolution culturelle nazie, conçue comme le fait de « débarrasser la race germanique des sédiments

---

[19] Edouard Conte et Cornelia Essner, *La quête de la race. Une anthropologie du nazisme*, Hachette, 1995.

[20] Clifford R. Lovin, « Blut Und Boden: The Ideological Basis of the Nazi Agricultural Program », *Journal of the History of Ideas*, vol. 28, n°2, University of Pennsylvania Press, 1967, p. 279–288.

[21] Johann Chapoutot, « Les nazis et la « nature ». Protection ou prédation ? », *Vingtième Siècle. Revue d'histoire*, vol. 113, n°1, 2012, p. 29-39.

culturels qui se sont déposés sur elle au fil des aliénations successives », afin de « revenir à la vérité [naturelle] de l'être germanique »[22]. En d'autres termes, il s'agit, idéologiquement, d'une promesse d'un retour à la nature et à sa loi biologique indépassable, considérée comme la seule qui vaille. Pour les nazis, cette loi de la nature qu'il s'agit de respecter est une véritable loi du sang, fondée sur la filiation biologique[23]. La régénération du peuple germanique passe par la recherche de son absolue pureté raciale, la race aryenne devant être débarrassée de toute contamination (biologique ou culturelle) par d'autres races jugées inférieures[24]. Les populations juives font l'objet d'une obsession particulière[25], qui fait directement suite à l'antisémitisme structurant le mouvement *völkisch*. Ce programme raciste apparaît fondamental dans le régime nazi, de la persécution des populations juives à leur extermination planifiée. La loi de la nature prend ici la forme d'une hiérarchie entre les races, au sommet

[22] Johann Chapoutot, *La révolution culturelle nazie*, Gallimard, 2017.

[23] Johann Chapoutot, *La loi du sang. Penser et agir en nazi*, Gallimard, 2014.

[24] Édouard Conte, « Peut-on devenir Allemand ? », *Études rurales*, n°163-164, 2002, p. 67-90.

[25] Cornelia Essner (traduit par Isabelle Kalinowski et Édouard Conte), « Qui sera 'juif' ? La classification raciale nazie, des lois de Nuremberg à la conférence de Wannsee », *Genèses*, n°21, 1995, p. 4-28.

de laquelle se trouve la race germanique. Cette recherche absolue d'une pureté raciale germanique se prolonge dans l'eugénisme nazi : « il ne suffit pas de posséder le bon sang et la bonne couleur de peau, il faut aussi être pleinement employable comme appareil producteur et reproducteur »[26]. Ainsi, des membres de sang du peuple germanique peuvent être écartés, voire assassinés en masse, lorsqu'ils sont jugés comme improductifs, défaillants, voire indignes de vivre – en raison de leur état de santé ou de leur orientation sexuelle, notamment. La loi de la nature prévalant selon les nazis ne s'exprime donc pas qu'entre les races et leur classification hiérarchique, mais également au sein même de la race germanique.

Suivant ses préceptes doctrinaux, le régime nazi s'attache donc à la réhabilitation puis à la perpétuation de l'être germanique idéal, tel qu'il aurait été façonné par la nature. L'intérêt pour celle-ci est parfois considéré comme proto-écologiste, puisque fondant également les supposées politiques environnementales conduites par ce même régime, dont certaines seraient toujours en vigueur à l'heure actuelle. Cette supposée origine nazie de l'écologie politique constitue même un

[26] Johann Chapoutot, *Libres d'obéir. Le management, du nazisme à aujourd'hui*, Gallimard, 2020, p. 66.

registre majeur de sa critique par des intellectuels libéraux[27]. Aux débuts du IIIe Reich, trois lois illustreraient ce proto-écologisme nazi. La première, en novembre 1933, concernait la protection des animaux (*Tierschutzgesetz*). En réalité, considérer cette loi comme un premier pas vers l'animalisme relève de la pure manipulation antiécologiste[28] : les organisations et personnalités végétariennes ont plutôt été persécutées par le régime nazi, en raison de leur profond pacifisme[29]. La seconde loi, en juillet 1934, était censée limiter la chasse (*Reichsjagdgesetz*), pourtant nombre de dignitaires s'adonnaient encore largement à cette pratique, notamment dans les forêts polonaises, devenues leurs terrains de jeu[30], rendant très contestable le caractère animaliste de la loi en question. Enfin, la troisième loi, en juin 1935, était dédiée à la protection de la nature (*Reichsnaturschutzgesetz*). Les forêts allemandes apparaissaient en

[27] Luc Ferry, *Le Nouvel Ordre écologique. L'arbre, l'animal et l'homme*, Grasset, 1992.

[28] Élisabeth Hardouin-Fugier, « La protection législative de l'animal », *Écologie & politique*, vol. 24, n°1, 2002, p. 51-70.

[29] Renate Brucker (traduit par Julien Sellier), « L'histoire du concept du droit des animaux, du mouvement animaliste et du véganisme », *Allemagne d'aujourd'hui*, vol. 230, n°4, 2019, p. 140-156.

[30] Franz-Josef Brüggemeier, Mark Cioc and Thomas Zeller (eds.), *How Green Were the Nazis? Nature, Environment, and Nation in the Third Reich*, Ohio University Press, p. 14.

effet comme les principaux espaces à protéger, car elles étaient considérées comme le milieu naturel de la race germanique[31]. L'objectif est alors racial, bien plus qu'écologique. Les politiques conservationnistes du régime nazi relèvent en effet plus de l'opportunisme politicien (sous pression des conservationnistes allemands) que d'une conviction profonde de la part des nazis : en pratique, la protection de la nature fut finalement très limitée, noyée sous l'industrialisation fulgurante du territoire allemand[32]. Les forêts allemandes, en particulier, ont été littéralement dévastées par l'effort de guerre imposé par les dirigeants nazis, cette destruction fut mise en œuvre, par l'Office Forestier du Reich, sous la houlette d'Hermann Göring[33].

L'idée d'une supposée aile verte du parti nazi reste très prégnante parmi les antifascistes. Des analyses sérieuses fondent cette hypothèse, mettant notamment en évidence la spécificité doctri-

---

[31] Michael Imort, « 'Eternal Forest—Eternal Volk': The Rhetoric and Reality of National Socialist Forest Policy », p. 43-72, in Franz-Josef Brüggemeier, Mark Cioc and Thomas Zeller (eds.), *How Green Were the Nazis*..., op. cit.
[32] Frank Uekotter, *The Green and the Brown: A History of Conservation in Nazi Germany*, Cambridge University Press, 2006.
[33] Michael Imort, « 'Eternal Forest—Eternal Volk'...», op. cit.

nale d'une partie des intellectuels et dirigeants nazis[34]. Leur positionnement théorique n'est pas à pendre à la légère, mais leur influence réelle sur les politiques du IIIe Reich reste limitée : les quelques lois précédemment mentionnées ont été mises en place au tout début du régime puis largement piétinées, elles n'étaient pas même réellement animalistes ni conservationnistes. L'étude d'éventuelles origines nazies de l'écologie mérite d'être menée sérieusement, mais à cette époque elle fut plus motivée par l'hostilité politique devant ses idées que d'une volonté réelle de faire avancer le débat écologique[35]. Le consensus historiographique sur le sujet, s'il reconnait qu'une certaine forme de conservationnisme a pu exister sous le IIIe Reich, confirme que le régime nazi n'était pas écologiste : nombre d'historiens

---

34 Peter Staudenmaier, « Fascist Ecology: The «Green Wing» of the Nazi Party and its Historical Antecedents », p. 11-59, in Janet Biehl and Peter Staudenmaier (eds.), *Ecofascism Revisited: Lessons from the German Experience*, New Compass Press, 2011, p. 187 . Voir la critique de cette idée courante par Piers H. G. Stephens, « Blood, not soil: Anna Bramwell and the Myth of 'Hitler's Green Party.' », *Organization & Environment*, vol. 14, n°2, 2001, p. 173–87,

35 Fabrice Flipo, *Nature et politique. Contribution à une anthropologie de la modernité et de la globalisation*, Amsterdam, 2014.

pointent au contraire sa dimension modernisatrice[36] et productiviste[37].

Le fascisme français est, lui aussi, fréquemment présenté comme une source précoce de la pensée écologique. Plusieurs arguments capillotractés sont avancés. Le premier concerne les politiques environnementales menées par Vichy, dont le caractère fasciste fait l'objet d'un vif débat[38]. Principalement orientées vers la dynamisation agricole nationale par l'exploitation de la terre et la préservation des forêts du pays dans un objectif productif, les politiques environnementales françaises entre 1940 et 1945 s'inscrivaient logiquement dans le cadre de la « révolution nationale » défendue par le régime[39]. L'objectif principal consistait en effet à reconstruire la France, selon le récit décliniste propagé par le pouvoir, expliquant les profondes contradictions entre le productivisme nécessaire à la modernisation du

---

36 Ian Kershaw, *Qu'est-ce que le nazisme ? Problèmes et perspectives d'interprétation*, Gallimard, 1997.

37 Johann Chapoutot, « Nazisme, environnement, écologie », *La Pensée écologique*, vol. 4, n°2, 2019, [en ligne].

38 Jean-Pierre Azéma, « Vichy, un régime fasciste ? », p. 231-239, in Serge Berstein et Michel Winock (dir.), *Fascisme français*, Tempus (Perrin), 2020.

39 Chris Pearson (traduit par Bruno Poncharal). « La politique environnementale de Vichy », *Vingtième Siècle. Revue d'histoire*, vol. 113, n°1, 2012, p. 41-50.

pays et certaines volontés proto-écologistes, qui restaient relativement isolées. L'étude historique de ses politiques environnementales révèle donc que le régime vichyste n'avait absolument rien d'écologique. En 1940, le maréchal Pétain prétendait certes que « la terre, elle, ne ment pas », mais les motivations de ce slogan visent plutôt la restauration nationale que l'écologie. Toutefois, le rapport paysan à la terre est effectivement central dans le pétainisme[40] : la communauté nationale serait radicalement ancrée dans son sol, dont elle tire des produits nécessaires à son développement. Cette vision ruraliste de la France est foncièrement antisémite, puisqu'elle se conçoit ouvertement comme s'opposant aux populations juives, alors considérées comme déracinés et cosmopolites[41]. Cette dimension paysanne du pétainisme se retrouve, aujourd'hui, dans certaines réappropriations écologiques récentes de cette aspiration terrienne

---

[40] Christophe Capuano, « Usages et stratégies notabiliaires en régime autoritaire ? Le cas du régime de Vichy », *Histoire@Politique*, vol. 25, n°1, 2015, p. 65-81.

[41] Laurent Joly, « Fascisme et antisémitisme dans la France des années 1930 : une irrésistible convergence ? », *Revue d'histoire moderne & contemporaine*, vol. 62, n°2-3, 2015, p. 115-136.

Un autre lien entre fascisme et écologie repose parfois sur la trajectoire politique particulière de Bertrand de Jouvenel. Probable concepteur de l'expression écologie politique dans un article de 1957[42] et pionnier méconnu du mouvement éponyme, son passé politique est particulièrement sombre[43] : fréquentant les milieux nationalistes et royalistes d'entre deux guerres, ami de l'écrivain fasciste Drieu La Rochelle, Bertrand de Jouvenel fut membre du Parti populaire français (PPF) de Jacques Doriot, de 1936 (date de la fondation du parti) à 1938. Exilé en Suisse durant la Seconde Guerre mondiale, l'intellectuel se rapproche des économistes libéraux après son retour en France, en participant notamment à la fondation de la Société du Mont-Pèlerin en 1947, aux côtés de Friedrich Hayek, Karl Popper, Ludwig Von Mises ou Milton Friedman, notamment[44]. Bertrand de Jouvenel a forgé sa position écologiste à partir de son nouvel ancrage économique,

---

[42] Bertrand de Jouvenel, « De l'économie politique à l'écologie politique », Bulletin de la SEDEIS, n° 671, 1957, repris dans *La civilisation de puissance*, Fayard, 1976, p. 49-77.

[43] Le passé fasciste de B. de Jouvenel apparaît évident dans l'historiographie, malgré les controverses sur l'existence du fascisme français. L'intellectuel apparaît comme une figure importante dans les travaux de nombreux historiens spécialistes de la question (Milza, Berstein, Winock, Sternhell, etc.).

[44] Inventaire des meetings de la Société du Mont Pèlerin, [en ligne].

considérant en effet qu'un changement d'attitude de l'humanité vis-à-vis de la nature était nécessaire pour éviter « la destruction des conditions de la vie humaine »[45]. Bertrand de Jouvenel refléterait parfaitement l'imprégnation fasciste de la société française d'entre-deux guerres, étant identifié comme l'un des intellectuels « anticonformistes » conquis par la dynamique fasciste[46]. De toute évidence, ses multiples repositionnements opportunistes sur l'échiquier politique ont largement entamé sa crédibilité. Ainsi, bien que pionnier incontestable du mouvement écologiste[47], Bertrand de Jouvenel n'eut pas, sur le long terme, de véritable influence sur celui-ci. Même s'il est le probable concepteur de l'expression écologie politique, la définition qu'il en propose ne donne pas beaucoup d'informations sur le contenu de celle-ci : dans son article, l'intellectuel expose surtout la dimension politique de l'écologie, avec une précocité notable, sans fixer

[45] Bertrand de Jouvenel, « De l'économie politique à l'écologie politique », art. cit.

[46] Telle est la thèse de Zeev Sternhell, *Ni droite ni gauche. L'idéologie fasciste en France*, Le Seuil, 1983. Pour cet ouvrage, Bertrand de Jouvenel a attaqué l'historien israélien en justice, et gagné son procès en diffamation, en 1983 (Raymond Aron y témoignera notamment en sa faveur, avant de décéder d'une crise cardiaque à sa sortie du palais de justice).

[47] Olivier Dard, « Bertrand de Jouvenel et l'écologie », *Écologie & politique*, vol. 44, n°1, 2012, p. 43-54.

de véritable programme pour répondre à cet enjeu[48]. L'analyse de son parcours politique particulier a surtout pour intérêt de rappeler que l'écologie n'est pas naturellement ancrée à gauche, malgré son positionnement évident de ce côté de l'échiquier politique, en France, après mai 1968.

La nouveauté de l'écofascisme

Prétendre, en s'appuyant essentiellement sur sa forme nazie, que le fascisme aurait été, dès le départ, un écofascisme est une thèse qui n'est donc pas soutenable. L'analyse de son rapport idéologique à la nature permet de mettre en évidence que la fonction de cette dernière est essentiellement *métaphorique*[49] : la nature apparaît avant tout comme une référence morale pour l'organisation humaine. L'intérêt nazi pour la nature réside ainsi dans l'origine mythique de la race blanche qu'elle symbolise, plutôt que dans sa protection au sens écologique contemporain. L'organisation jugée naturelle des sociétés humaines correspond alors à un certain ordre social, hiérarchisé selon des

---

[48] Ses analyses ultérieures préciseront sa position sur l'écologie, fondamentalement centriste : Bertrand de Jouvenel « ne rejette rien en bloc, ni l'industrie, ni le marché ; il ne croit ni en la fin du monde, ni en l'avenir radieux », d'après Dominique Bourg, « Bertrand de Jouvenel », p. 579-580, in Dominique Bourg et Alain Papaux, *Dictionnaire de la pensée écologique*, PUF, 2015, p. 1120.

[49] Johann Chapoutot, « Les nazis et la nature… », art. cit.

critères naturalisés de race et de genre. Sans équivoque, les idéologies fascistes apparaissent comme fondamentalement passéistes[50], justifiant par un appel à la nature les hiérarchies sociales qu'elles défendent ou veulent instaurer à nouveau. Les quelques politiques environnementales menées par les régimes fascistes restaient des mesures isolées par rapport au reste de leurs programmes modernisateurs, que le consensus historiographique reconnaît comme tels[51]. Certaines analyses historiques défendent ainsi l'idée que la modernisation des régimes fascistes se serait faite par nécessité, plutôt que par adhésion à l'idéal qu'elle représente[52]. L'objectif à long terme aurait bien été le retour à des formes traditionnelles et idéalisées de communautés humaines, mais les moyens d'y parvenir auraient pu emprunter à la modernité. L'évolution industrielle des régimes fascistes n'aurait donc jamais été une fin en soi, mais simplement une étape dans leur projet politique à plus long terme. L'effort industriel serait ainsi apparu comme une étape préalable au retour de l'organisation communautaire, hiérarchique et traditionnelle. Difficile, toutefois, d'en faire des idéologies,

[50] Jason Stanley, *Les ressorts du fascisme*, Eliott, 2022 (2018), 232 p. Voir également Roger Griffin, *The Nature of Fascism*, St. Martin's Press, 1991.

[51] Kershaw, *Qu'est-ce que le nazisme*, op. cit.

[52] Ibid.

mouvements ou régimes véritablement écologistes, au sens d'une réponse à un problème écologique identifié comme tel.

Le fascisme est généralement considéré comme une réponse apportée à diverses formes de crises. Les conditions historiques de son émergence en Europe ne font pas consensus sur le plan historiographique, mais il est évident que la crise écologique ne fait jamais partie des éléments explicatifs proposés. Selon l'histoire qui en est faite, il est possible de dire que celle-ci avait déjà démarré, mais les alertes scientifiques qui la mettent en évidence n'arrivent que plusieurs décennies plus tard. En France comme aux Etats-Unis, les premières études datent des années 50 avec les travaux du botaniste Roger Heim[53], puis dans les années 60, avec le best-seller *Silent Spring* de la biologiste Rachel Carson[54] ou encore le cri de l'ornithologue Jean Dorst[55]. Ces essais sont rapidement suivis, dans les années 70 de rapports scientifiques alertant, eux aussi sur l'état du monde : comme celui de 30 climatologues en 1971[56], le rapport Meadows

[53] Roger Heim, *Destruction et Protection de la nature*, Armand Colin, 1952.

[54] Rachel Carson, *Printemps silencieux*, Plon, 1963 (1962).

[55] Jean Dorst, *Avant que nature meure*, Delachaux et Niestlé, 1965.

[56] Study of Man's Impact on Climate, *Inadvertent Climate Modification*, MIT Press, 1971.

en 1972[57], et la même année, le rapport « Only One Earth » des économistes René Dubos et Barbara Ward à l'occasion de la conférence des Nations Unies sur l'environnement humain à Stockholm[58], etc. Ces multiples alertes secouent l'opinion publique, et nourrissent le mouvement écologique, alors en plein développement.

Engagée avec un décalage d'environ une décennie, la reconfiguration doctrinale du fascisme en écofascisme n'échappe pas à la spécificité de ce contexte historique. L'évolution de la Nouvelle Droite indique bien que cette dernière est sensible aux thématiques écologiques présentes dans l'espace public. D'abord, ses principaux représentants s'opposent à l'alarmisme environnemental, avant de le prendre au sérieux et de faire muter leur socle doctrinal en conséquence. Parce qu'il constitue ainsi une véritable réponse à la crise écologique, l'écofascisme est bien une *nouveauté*. Dès lors, il est possible de repérer des discontinuités avec les doctrines fascistes préexistantes, mais aussi des continuités, sans lesquelles la nature fasciste de l'écofascisme serait très discutable.

---

[57] Dennis Meadows, Donella Meadows et Jorgen Randers, *Les limites à la croissance (dans un monde fini)*, Écosociété, 2013 (1972), p. 432.

[58] René Dubos et Barbara Ward, *Nous n'avons qu'une Terre*, 1972-1973, [en ligne].

La nouveauté de ce dernier ne signifie pas, en effet, que le fascisme a complètement changé de substance, mais plutôt qu'il s'est adapté à un nouveau contexte historique, marqué par la crise écologique et la prise en compte les sociétés humaines. Les continuités entre la Nouvelle Droite et les fascismes historiques ont déjà été étudiées : depuis les années 70, la première est en effet accusée « d'être une machine à recycler les thèses nazies, voire d'être une expression savante du néonazisme »[59]. Le consensus historiographique tend à nuancer cette critique, faisant plutôt de la Nouvelle Droite une héritière de la Révolution conservatrice allemande, véritable matrice intellectuelle du nazisme. Cette nuance a son importance, puisqu'elle permet aussi de comprendre ce que les écofascistes font de leur héritage révolutionnaire-conservateur sur le plan idéologique.

Un retournement de la métaphore naturelle

Les idéologies fascistes mobilisent fréquemment une même image : celle de l'enracinement, c'est-à-dire la manière dont un arbre trouve ses racines dans le sol dont il se nourrit, s'ancrant toujours plus profondément à mesure qu'il grandit. Cette conception de l'enracinement est fondamentalement antisémite, puisque forgée en opposition au nomadisme qui caractériserait les populations

[59] Stéphane François, *La Nouvelle Droite et ses dissidences*, op. cit, p. 63.

juives selon les idéologues racistes[60]. Celle-ci se retrouve autant dans l'antisémitisme vichyste[61] que dans celui théorisé par les penseurs nazis[62], dont Heidegger apparaît finalement représentatif[63]. La révolution culturelle nazie est l'expression la plus explicite de la métaphore naturelle de l'enracinement, puisque la race et la culture germaniques (alors confondues) émergeraient de la nature, qui les aurait façonnées d'une manière exceptionnelle et supérieure[64]. Lors de ses premières formulations, l'écologie en tant que telle est évidemment absente des justifications du concept d'enracinement. Celui-ci apparaît avant tout comme une métaphore bien pratique en tant qu'elle verrouille l'identité raciale de la communauté nationale, en la liant irrémédiablement à son sol et à sa terre, dans une logique déterministe, d'après le vocabulaire géographique consacré[65]. L'écofascisme hérite de cette

[60] Pierre-André Taguieff, « L'invention racialiste du Juif », *Raisons politiques*, vol. 5, n°1, 2002, p. 29-51.

[61] Laurent Joly, « Fascisme et antisémitisme dans la France des années 1930... », art. cit.

[62] Carl Schmitt, *Le nomos de la Terre*, PUF, 2012.

[63] Gaëtan Pégny, « L'antisémitisme de Heidegger à la fois reconnu et toujours minoré : remarques sur les effets de la publication des Cahiers noirs », *Cités*, vol. 61, n°1, 2015, p. 89-95.

[64] Johann Chapoutot, *La révolution culturelle nazie*, op. cit.

[65] Olivier Dollfus, « Brèves remarques sur le déterminisme et la géographie », *Espace géographique*, vol. 14, n°2, 1985, p. 116-120.

métaphore naturelle de l'enracinement des fascismes historiques, mais lui donne un sens nouveau – cette réorientation idéologique apparaît même comme la spécificité théorique première de l'écofascisme.

La nouveauté de l'écofascisme en tant qu'il est une réponse à la crise écologique se complète également d'un renouveau théorique de la doctrine fasciste, une dynamique notamment portée par le courant de la Nouvelle Droite. Une opération fondamentale réalisée par celle-ci réside dans le retournement de la métaphore naturelle, afin que celle-ci, précisément, ne soit plus seulement une métaphore, mais une véritable description de la réalité. L'environnement naturel, dans les premières idéologies fascistes, apparaît lorsqu'il est mentionné comme le berceau de l'identité, donc de la race : désormais, lui aussi devrait être préservé, selon les écofascistes, parce qu'il disposerait également d'une valeur intrinsèque justifiant cette protection[66]. La facilité analytique serait de réduire cette appropriation fasciste de l'écologie à une simple appropriation entre deux orientations

[66] Cette conception de l'écologie est reprise par les écofascistes chez les théoriciens de l'éthique environnementale et de l'écologie profonde, voir Alain de Benoist, « La nature et sa valeur intrinsèque », *Krisis*, n°15, 1993.

politiques distinctes, tel un greenwashing du fascisme, alors l'écofascisme apparaît beaucoup plus fondé sur le plan théorique. Fascisme et écologisme ne sont pas seulement juxtaposés, mais mêlés, dans une profonde reconfiguration idéologique. La terre et l'identité qu'elle porte, la nature et la race qu'elle a engendrée : l'écofascisme considère ces interactions de manière cyclique plutôt que linéaire. Ainsi, la nature (ou la terre) n'a pas seulement produit la race (ou l'identité) à l'origine, avant que celle-ci ne se développe de manière autonome : elles forment un tout (nature-race, ou terre-identité) dont il faudrait préserver l'équilibre existant depuis les origines. Dit autrement, protéger la nature et la terre permet aussi de protéger la race et l'identité par la garantie de leur stabilité environnementale.

La nature apparaît ici à la fois comme une nature locale, c'est-à-dire un ensemble de « combinaisons caractéristiques de la flore et de la faune, du climat et de la géologie qui donnent à un paysage sa physionomie » et une nature spécifique, c'est-à-dire, la nature comme ordre définissant l'essence des objets et des sujets, notamment humains[67]. La spécificité de l'appel écofasciste à la nature réside précisément dans la combinaison

[67] Cette typologie est issue de Lorraine Daston, *Against Nature*, MIT Press, 2019.

de ces deux définitions : la nature repose sur des caractéristiques locales, desquelles émergerait un ordre naturel que les humains devraient respecter en s'investissant dans sa conservation. Garantir la perpétuation de cet ordre implique ainsi d'en défendre les conditions environnementales, donc de défendre la nature. Dès lors, la nature ne se réduit plus à sa conception aristotélicienne comme principe d'engendrement, puisqu'elle est aussi considérée comme une condition essentielle de la bonne reproduction de la race ou d'une nation. La perspective reproductionniste de l'écofascisme n'est pas seulement reproductiviste[68] : elle reprend le discours naturaliste réduisant les femmes à leur potentiel maternel, mais ne repose pas dessus. La reproduction écofasciste apparaît aussi comme un allégorier de l'importance de la protection de la nature dans la survie de la race. Les principales orientations politiques écofascistes découlent de cette philosophie de la nature.

Préserver la nature pour préserver la race implique de garantir sa stabilité locale, en la protégeant des détériorations en provenance de l'extérieur. Les racines scientifiques de l'écofascisme, notamment dans l'écologie des populations, sont

[68] Priscille Touraille, « Du désir de procréer : des cultures plus naturalistes que la Nature ? », *Nouvelles Questions Féministes*, vol. 30, n°1, 2011, p. 52-62.

ici remobilisées pour caractériser des groupes humains. Selon cette perception de la nature, les populations allogènes (extérieures à la communauté raciale, c'est-à-dire non blanches) sont considérées comme perturbatrices de l'écosystème nature-race/terre-identité, dans une véritable écologisation du fantasme de grand remplacement[69]. La perturbation serait double : d'une part, le grand remplacement provoquerait une surcharge écologique des milieux naturels européens, qui menaceraient de s'écrouler sous la pression démographique, d'autre part, l'identité locale et européenne serait altérée sur le plan culturel par l'arrivée de nouvelles populations issues d'autres cultures (autrement dit, la pureté de la race blanche ne serait plus garantie). Ces deux conceptions de la perturbation écologique se répondent complètement, convergeant vers une vision synthétique du problème écologique que poserait l'immigration d'origine extra-européenne : l'altération de l'identité européenne (pour ne pas dire de la race blanche) condamnerait sa bonne reproduction écologique, puisqu'elle serait devenue inadaptée (car impure) à la nature locale.

[69] Paul Guillibert, « La racine et la communauté. Critique de l'écofascisme contemporain », *Mouvements*, vol. 104, n°4, 2020, p. 84-95.

Cette conception de l'écologie se présente comme une écologisation du racisme ethno-différentialiste adopté par l'extrême droite dans les années 60 : il devient dès lors possible de parler de différentialisme écologique ou « éco-différentialisme »[70]. Les différences entre cultures étaient déjà considérées comme inconciliables, mais leur supposée altérité est désormais considérée comme absolument naturelle. L'enracinement d'une culture dans la nature revient à les confondre, ou plutôt à ne plus réellement les distinguer. La première ne serait finalement qu'une déclinaison humaine de la seconde, alors garante (spirituelle, souvent) de l'ordre entre les êtres, qu'ils soient humains et non humains. La culturalisation du racisme, auparavant considéré comme réalité biologique, avait été la première opération théorique de la Nouvelle Droite. La rebiologisation (ou écologisation) du racisme, désormais considéré comme culturel, fut son second accomplissement d'importance. Le socle théorique de l'écofascisme rend évident que « la distinction entre « racisme biologique » et « racisme culturel » n'est donc plus opérante »[71]. Les discours réactionnaires contemporains sur le supposé choc des civilisations se gardent ainsi de convoquer la biologie

[70] Pierre Madelin, « La tentation éco-fasciste : migrations et écologie », *Terrestres*, 2020, [en ligne].

[71] Paul Guillibert, « La racine et la communauté… », art. cit.

pour fonder leur racisme, mais ce dernier repose toujours sur un substrat pseudo-biologique[72]. L'analyse de l'écofascisme perce à jour, définitivement, cette hypocrisie publique déjà largement démontée par de nombreuses analyses antiracistes.

La fonction idéologique de l'idée de nature dans l'écofascisme contemporain n'est que très rarement abordée[73]. Celle-ci joue pourtant un rôle pivot, articulant plusieurs discours réactionnaires classiques en faisant office de notion parapluie, qui agrège différents discours derrière un terme commun censé y donner une cohérence globale. L'importance de la nature comme support matériel du retournement écologique de la métaphore de l'enracinement est désormais évidente, mais elle ne résume pas les usages idéologiques de la notion. L'intérêt écofasciste pour le respect de la nature ne concerne pas seulement les territoires, mais aussi les corps : des hommes et des femmes

---

[72] Stuart Hall, *Race, ethnicité, nation : le triangle fatal*, Amsterdam, 2019, p. 203.

[73] C'est surtout vrai dans la littérature écologiste/antifasciste francophone, à l'exception notable de la contribution de Lise Benoist, « Green is the new brown : poussée écologique à l'extrême-droite », *Terrestres*, 2020. Certaines publications anglophones ont investi le sujet, comme Sam Moore et Alex Roberts, *The Rise of Ecofascism*, op. cit. Voir également Out of the Woods, *Hope Against Hope: Writings on Ecological Crisis*, Common Notions, 2020.

sont considérés comme biologiquement distincts et complémentaires, rendant contre nature de toute transgression de cette règle jugée indépassable[74]. Autrement dit, le patriarcat et ses fondements hétérosexuels ne constitueraient pas un système social de domination des femmes par les hommes, mais une inéluctable réalité biologique. Réfuté à de nombreuses reprises par les philosophes féministes[75], ce discours structurait notamment la pensée homophobe et antiféministe de La Manif Pour Tous, bien que sa dimension écologique manifeste n'ait pas toujours été relevée à l'époque où ce mouvement était dans la rue[76]. L'écologie intégrale s'est depuis chargée, notamment par l'intermédiaire de son lobbying sur la bioéthique, d'en donner une déclinaison/synthèse ouvertement écologique[77]. En ce sens, l'écologie intégrale rejoint bien l'écofascisme issu de la Nouvelle Droite qui considère « la nature comme socle » pour l'organisation de la société[78]. Les continuités

[74] Magali Della Sudda, *Les nouvelles femmes de droite*, Hors d'atteinte, 2022.

[75] Elsa Dorlin, *Sexe, genre et sexualités. Introduction à la philosophie féministe*, PUF, 2021.

[76] Magali Della Sudda, *Les nouvelles femmes de droite*, op. cit.

[77] Bertrand Sajaloli et Etienne Grésillon, « L'Église catholique, l'écologie et la protection de l'environnement : chronique d'une conversion théologique et politique », *Géoconfluences*, 2016, [en ligne].

[78] Lise Benoist, « Green is the new brown », op. cit.

avec les fascismes historiques sont évidentes : l'écart d'un individu avec une certaine vision de ce qu'il devrait être par nature permettait déjà de légitimer l'assassinat de personnes handicapées, ainsi que l'avortement forcé pour les femmes jugées inférieures sur le plan racial[79]. Une fois écologisé, cet eugénisme consubstantiel du fascisme et fondé sur une certaine idée de la « nature-normalité[80] » qui pourrait être étendue à tout ce qui est considéré comme contre nature par les (éco)fascistes, notamment les personnes transgenres, souvent victimes de tels arguments. La conception de la nature au cœur de l'écofascisme contemporain apparaît donc comme une extension de ses conceptions fascistes historiques, agrémentant sa fonction métaphorique initiale d'une fonction proprement écologique.

Sur le plan racial comme sexuel/genré, la nature pour les écofascistes apparaît avant tout comme un ordre à ne pas dépasser, au risque d'entraîner la décadence de la société. La nouveauté par rapport aux fascismes historiques réside dans les fondements de ce respect de l'ordre naturel :

[79] Henry P. David, Jochen Fleischhacker et Charlotte Hohn, « Abortion and Eugenics in Nazi Germany », *Population and Development Review*, vol. 14, n°1, 1988, p. 81–112.
[80] Virginie Maris, *La part sauvage du monde. Penser la nature dans l'Anthropocène*, Seuil, 2018.

l'identité (ou la race) à défendre émergeant de la nature, il faut protéger cette nature afin de protéger l'identité (donc la race). La nature apparaît ainsi comme un ensemble de limites, qui s'apparentent plus à des bornes qu'à des seuils ou des frontières[81]. Dépasser la borne revient à entrer dans le domaine de l'interdit, de l'impératif et/ou de l'impossible : l'écofascisme apparaît comme une morale inspirée d'une conception fixiste de la nature, visant le verrouillage écologique des dominations sociales.

Les ressorts territoriaux de l'écofascisme

Les idéologies politiques reposent nécessairement sur une théorie sociale, c'est-à-dire sur une conception de la société et de son fonctionnement – ou de la communauté, pour certaines idéologies. Grossièrement, le marxisme identifie une division de la société entre prolétariat et bourgeoisie qu'oppose une lutte des classes, le libéralisme défend l'existence du libre arbitre des individus composant la société, le nazisme hiérarchise l'humanité selon une lutte des races, etc. Même si cette dimension est souvent implicite, les idéologies politiques reposent également sur un cadre territorial privilégié[82]. Ainsi, le marxisme se déploie à l'échelle

[81] Miguel Benasayag et Léo Coutellec, « Nos limites ne sont pas les leurs… », art. cit.

[82] Thierry de Montbrial, *Géographie politique*, PUF, 2006.

nationale ou internationale selon ses différents courants[83], le libéralisme s'inscrit quant à lui dans une dualité entre échelles locale et globale (ou « glocalisation »[84]) par la mise en concurrence des territoires[85], tandis que le territoire national apparaît comme l'espace défendu par les partisans du fascisme, dont les nazis, chez qui cette dimension territoriale est plutôt explicite (le concept de *Lebensraum*, inspiré de la biologie, en est le parfait exemple[86]). Dans les grandes idéologies précitées, l'espace terrestre n'était pas complètement impensé politiquement, mais il n'était pas véritablement au cœur de la réflexion idéologique. Le tournant territorial des conceptions politiques de l'écologie apparaît comme une rupture de cette conception implicite du territoire[87], celui-ci devenant effectivement central, sur le plan idéologique d'abord, mais également sur le plan des pratiques politiques.

---

[83] Jean-Numa Ducange, « Faut-il défendre la nation ? Marx, les marxistes et la question nationale des origines à nos jours », *Actuel Marx*, vol. 68, n°2, 2020, p. 12-29.

[84] Mark Evans, David Marsh et Gerry Stoker, « Understanding localism », *Policy Studies*, vol. 34, n°4, 2013, p. 401-407.

[85] Renaud Duterme, *Petit manuel pour une géographie de combat*, La Découverte, 2020.

[86] Henry Bogdan, « L'utopie du Lebensraum fatale au Troisième Reich », p. 376-389, in Henry Bogdan, *Histoire des trois Reich*, Perrin, 2015.

[87] Makan Rafatdjou, « Le tournant territorial », *Villes en parallèle*, n°49-50, 2020. p. 54-69.

L'écofascisme n'est pas un courant de l'écologie politique comme les autres, puisqu'indiscutablement apparenté à l'extrême droite et aux pires horreurs commises par celle-ci au XXe siècle. Toutefois il a pleinement pris le tournant territorial de la pensée écologique, en lui donnant même une substance idéologiquement très particulière : le territoire écofasciste est l'espace propice au retournement de la métaphore naturelle.

Dans la théorie écofasciste, la communauté se définit par son enracinement, permettant d'entrevoir toute la dimension territoriale de cette doctrine. Ce rapport au territoire n'est pas immédiat, puisque le mythe de l'enracinement peut fonder un attachement à des échelles très différentes, du local au national[88]. De fait, l'ancrage revendiqué n'est pas seulement territorial, mais également historique : l'enracinement apparaît comme une véritable idéologie défendant une vision ancestrale de la filiation de la communauté considérée[89]. Ce sens historique et territorial classique de l'enracinement dans les doctrines fascistes est repris, presque sans aucune modification, par les écofascistes de l'époque contemporaine. L'enracinement dans un territoire serait même une condition

---

[88] Bénédicte Goussault, « Cultiver ses racines », *Espaces Temps*, n°42, 1989, p. 45-49.
[89] Yveline Lévy-Piarroux, « L'homme épiphyte », *Espaces Temps*, n°42, 1989, p. 38-44.

nécessaire de l'engagement écologique, mais celui-ci ne se contrôlerait pas : les êtres, humains ou non humains (y compris végétaux), seraient enracinés dans le sol qui les a vus naître, sans possibilité de véritablement en changer sans risquer la dénaturation. Au sens géographique, cette perspective apparaît déterministe, au sens où elle lie l'humain au sol, ou plus généralement à l'environnement[90] : le milieu déterminerait les formes et l'organisation de la communauté humaine qui l'habite;ce raisonnement est ancien, comme en témoigne la théorie des climats de Montesquieu[91]. En d'autres termes, la structure de tout territoire trouverait son origine dans son environnement physique. Notamment propre à l'école allemande de géographie contemporaine de la Révolution conservatrice (allemande elle aussi)[92], cette théorie

[90] Le terme d'« environnement » est bien plus récent que la théorie géographique déterministe, mais sa mobilisation ici combinée à celle de « milieu » n'est pas anachronique puisque ces concepts sont couramment mélangés dans les discours écofascistes. Sur l'histoire de ces concepts, voir Wolf Feuerhahn, « Les catégories de l'entendement écologique : milieu, Umwelt, environment, nature... », p. 17-41, in Guillaume Blanc, Elise Demeulenaere et Wolf Feuerhahn (dir.), *Humanités environnementales. Enquêtes et contre-enquêtes*, Publications de la Sorbonne, 2017.
[91] Catherine Larrère, « Montesquieu et l'espace », p. 147-169, in Thierry Paquot (éd.), *Espace et lieu dans la pensée occidentale. De Platon à Nietzsche*, La Découverte, 2012.
[92] Paul Claval, *Histoire de la géographie*, PUF, 2011.

spatiale fut instrumentalisée, comme d'autres théories géographiques[93], par la doctrine nazie, qui érige le déterminisme géographique au rang d'explication fondamentale des différences raciales[94].

La conception écofasciste du territoire par l'enracinement repose sur le hasard des origines sur lequel les humains n'ont absolument aucune prise[95]. De fait, elle s'oppose radicalement à la définition aujourd'hui défendue par les géographes et autres spécialistes de sciences sociales, qui insistent unanimement sur l'appropriation de l'espace par les individus et les groupes[96] : le territoire est le produit de cette appropriation perpétuelle, dont

---

[93] Géraldine Djament-Tran, « Révolution scientifique et circulations en géographie : Christaller et la genèse transnationale de l'analyse spatiale », *Revue germanique internationale*, n°20, 2014, p.107-133.

[94] Antoine Bailly, Hubert Béguin et Renato Scariati, *Introduction à la géographie humaine*, Masson, 2016.

[95] Roger Brunet, « Enracinement », p. 186-187, in Roger Brunet, Robert Ferras et Hervé Théry, *Les mots de la géographie, dictionnaire critique*, La documentation française, 1993.

[96] Ce point fait consensus parmi les géographes, voir par exemple Pascal Clerc (dir.*)*, *Géographies : épistémologie et histoire des savoirs sur l'espace*, Sedes, 2013. Voir aussi Pascal Baud, Serge Bourgeat et Catherine Bras, *Dictionnaire de géographie*, Hatier, 2013 (1995), p. 493-498. Pour une perspective interdisciplinaire, voir Rémi Barbier et Philippe Hamman (dir.), *La Fabrique contemporaine des territoires*, Le Cavalier Bleu, 2021.

le renouvellement est nourri par les nombreux mouvements de population et les luttes politiques qui conditionnent les limites du territoire. Couramment conçue comme le « rapport individuel ou collectif à un territoire considéré comme approprié »[97], la territorialité apparaît de fait comme une réalité relationnelle, dépendant des relations sociales de pouvoir plutôt que d'un héritage naturel probablement fantasmé[98]. Ainsi, lorsque le territoire en géographie est défini par l'identité, celle-ci ne doit pas être comprise comme une essence immuable, mais plutôt comme la synthèse d'une multitude de territorialités. Bien que socialement conditionnées, celles-ci sont intrinsèquement plurielles, résultant de vécus personnels participant à l'appropriation perpétuelle de l'espace[99]. L'identité territoriale est, dès lors, un investissement idéel[100] de l'espace approprié, et non l'esprit flottant du territoire considéré.

---

[97] Roger Brunet, « Territorialité », p. 481, in Roger Brunet, Robert Ferras et Hervé Théry, *Les mots de la géographie, dictionnaire critique*, La documentation française, 1993.

[98] Claude Raffestin, *Pour une géographie du pouvoir*, ENS Editions, 2019 (1980).

[99] Claude Raffestin et Angelo Turco, « Espace et pouvoir », p. 45-50, in Antoine Bailly (coord.), *Les concepts de la géographie humaine*, Masson, 1984.

[100] Maurice Godelier, *L'idéel et le matériel : pensée, économies, sociétés*, Fayard, 1984.

Le fascisme est traditionnellement conçu comme un projet de réconciliation des classes dans l'intérêt général de la nation. Cette perspective ouvertement hiérarchique postule que chacun-e devra trouver et rester à sa place, dans un cadre territorial précis : la nation. Selon sa doctrine mêlant suprémacisme européen et localisme, l'échelle nationale est théoriquement délaissée par les écofascistes. La réconciliation des classes alors défendue aurait pour cadre le territoire, au sens d'espace local harmonieux, au sein de l'ensemble culturel homogène que serait l'Europe. La nature hiérarchique du projet de réconciliation n'est pas renversée, puisque seul le cadre hiérarchique change. La soumission des individus n'est pas orientée vers la nation, mais vers la communauté, qui en récupère la fonction idéologique dans la doctrine écofasciste. Finalement, le territoire apparaît comme un donné, qui émerge naturellement en même temps que la communauté qui l'habite. Concevoir, à l'inverse, le territoire comme le produit, instantané plutôt que figé, d'une appropriation permet de considérer les constantes luttes entre groupes sociaux pour délimiter et contrôler ce territoire[101]. Les courants critiques de la géographie reposent d'ailleurs en grande partie sur ce

[101] Fabrice Ripoll et Vincent Veschambre, « L'appropriation de l'espace comme problématique », *Norois*, n°195, 2005, p. 7-15.

programme lefebvrien esquissé dans les années 70 : l'espace n'est pas un donné naturel, mais un produit social, faisant l'objet de vives luttes pour son contrôle[102]. Suivre ce programme théorique pour la géographie apparaît désormais particulièrement pertinent à investir, en plein tournant territorial de la pensée écologique.

Considérer le territoire comme espace de l'enracinement, fige mécaniquement le tracé des frontières, puisque la nature serait à l'origine de celles-ci. Cette fermeture territoriale est héritée de la focale nationaliste des doctrines fascistes historiques, qui défendaient l'extension des frontières tout en cherchant à les maintenir hermétiques. L'idée de frontière naturelle n'est toutefois pas une spécificité écofasciste, mais structure largement l'imaginaire collectif sur les frontières : celles-ci auraient toujours été là, dès le départ, quand bien même la longue histoire de leur évolution est connue. Cette conception fixiste des frontières percute, là encore, les théories géographiques qui en ont montré l'institution sociale plutôt que l'origine naturelle. Les frontières sont effectivement mobiles, sur le plan temporel

---

[102] Henri Lefebvre, *La production de l'espace*, Anthropos, 1974. Voir Matthieu Adam, « Production de l'espace », *Géoconfluences*, 2019, [en ligne].

comme spatial[103] : les frontières bougent, en fonction des rapports de forces entre groupes sociaux dont les intérêts divergent à propos de leur tracé. En revendiquant la naturalité des frontières qu'ils défendent, les écofascistes inscrivent dans le temps et l'espace la limite entre leur communauté et les autres groupes humains qu'ils rejettent – la création puis la défense des frontières constituent un processus de cloisonnement du monde[104].

L'intérêt écofasciste pour le territoire conçu comme espace de l'enracinement se retrouve dans son investissement de certains concepts écologistes. Le premier, probablement le plus représentatif, est celui de localisme. D'abord mobilisé en France par la Nouvelle Droite, diverses organisations fascisantes s'y intéressent, de l'Action Française au Rassemblement National. La première produit en effet des analyses et des campagnes d'affichage centrées autour de la défense de l'échelle locale comme espace privilégié de l'enracinement. Le second rassemble les membres d'une organisation politique nouvellement créée par plusieurs figures écologistes récemment entrées au Rassemblement National, dont le nom est

---

[103] Anne-Laure Amilhat-Szary, *Qu'est-ce qu'une frontière aujourd'hui ?*, PUF, p. 162.
[104] Stéphane Rosière, *Frontières de fer. Le cloisonnement du monde*, Syllepses, 2020.

Les Localistes. L'initiative est avant tout électoraliste, mais elle illustre certains mouvements de fond au sein du parti frontiste. Le biorégionalisme apparaît comme un autre concept écologiste dont l'investissement écofasciste est manifeste. Ce courant, né aux États-Unis dans les années 70, se présente comme une mise en œuvre territoriale concrète de l'écologie profonde, qui en constitue ainsi la matrice théorique. Pendant plusieurs décennies, les écologistes français n'ont pas repris les principales propositions biorégionalistes, en raison d'une distance idéologique importante entre les écologismes francophone et anglophones[105]. C'est par affinité avec l'écologie profonde que la Nouvelle Droite dans les années 2000 a été la première à se saisir du biorégionalisme dans l'espace francophone. De fait, cet investissement du concept n'est pas dû au hasard, les écofascistes ayant attentivement lu la théorie biorégionale, et compris son potentiel politique réactionnaire – les lois de la nature sont parfois mentionnées par les biorégionalistes, sans que ne soit véritablement précisé leur contenu politique[106]. Les fameuses biorégions seraient des régions naturelles qui

---

[105] Antoine Dubiau, « Faire l'histoire intellectuelle du biorégionalisme », *Métropolitiques*, 2022, [en ligne].

[106] Kirkpatrick Sale, Dwellers in the Land: The Bioregional Vision. Sierra Club Books, 1985. L'ouvrage a récemment été traduit en français : Kirkpatrick Sale, *L'Art d'habiter la terre : la vision biorégionale*, Wildproject, 2020.

préexisteraient aux sociétés humaines, dont le remplacement par de nouvelles frontières politiques arbitraires (sur le plan écologique) aurait provoqué le désastre écologique en cours. Construire une société écologique devrait alors passer par le retour à ces frontières « naturelles » que les écofascistes entendent enfin garder hermétiques[107]. La conception néo-droitière du biorégionalisme considère celui-ci comme une reconnaissance politique de l'inscription dans l'espace de l'ordre naturel. La réalité des propositions biorégionales est radicalement différente, notamment parce que les frontières ne sont absolument pas considérées comme des lignes fixes, mais comme des lignes mobiles car dépendant d'une multitude de critères en perpétuel mouvement. Dès lors, le biorégionalisme est fréquemment présenté en France comme un mouvement anarchiste[108], mais cette revendication

---

[107] Théorisé depuis les années 70 aux Etats-Unis, le biorégionalisme n'a que très récemment été importé en France. La Nouvelle Droite est la première à reprendre le concept, mais le dynamisme éditorial francophone actuel autour du concept s'ancre plutôt dans l'anarchisme. Sans faire du biorégionalisme une préfiguration de l'écofascisme, cet intérêt précoce de la Nouvelle Droite pour ce concept ne peut être évacué, bien que les biorégionalistes américains soient ouvertement anarchistes (mais aussi proches de l'écologie profonde).

[108] Mathias Rollot, *Les Territoires du vivant. Un manifeste biorégionaliste*, François Bourrin, 2018.

ne dit rien de son véritable contenu idéologique. Sa précoce importation en France par la Nouvelle Droite mérite d'être considérée[109], notamment parce qu'elle permet de nuancer l'emballement d'une partie du mouvement écologiste pour la promesse biorégionaliste.

Les formes possibles des mouvements et régimes écofascistes

Pour l'heure, l'écofascisme reste avant tout une idéologie. Elle repose sur un corpus relativement développé, réinterprétant la doctrine fasciste à l'aune de la crise écologique. Quelques groupuscules seulement s'en revendiquent ouvertement, plutôt à l'étranger qu'en France. Ainsi, il est encore difficile d'analyser l'écofascisme en action. L'absence aujourd'hui d'un important mouvement écofasciste ne signifie toutefois pas qu'une telle dynamique ne puisse voir le jour prochainement. Par devoir de vigilance, il importe d'identifier les formes possibles des mouvements et régimes écofascistes. Celles-ci seront assurément différentes des formes concrètes qu'a pris le fascisme par le passé, le problème écologique

---

109 Elle fut sérieusement considérée, de manière précoce, par le politiste Jean Jacob, « Le biorégionalisme, de la nouvelle gauche à la nouvelle droite », *La Pensée*, n°350, 2007, p. 69-76.

ayant profondément impacté cette révision de la doctrine fasciste.

La forme la plus évidente que pourrait prendre un mouvement écofasciste réside dans le verdissement du mouvement fasciste actuel. Notamment représenté en France par Éric Zemmour, en particulier depuis sa candidature à l'élection présidentielle 2022, celui-ci apparaît, pour l'heure, très hostile à l'écologie et acquis au carbofascisme[110]. Le discours de l'essayiste présente toutefois quelques caractéristiques propices au même retournement écologique que celui opéré par la Nouvelle Droite dans les années 80. Éric Zemmour évoque déjà la préservation des paysages français[111], qu'il souhaite surtout défendre pour leur dimension nationale et traditionnelle plutôt qu'écologique, mais les deux registres pourraient bien se mêler à l'avenir. Pour lui, comme pour d'autres figures fascistes nationales et internationales, l'écologie apparaît pour l'heure comme une thématique sous investie, pour une multitude de raisons matérielles, comme la défense des intérêts de la bourgeoise pétrolière et gazière qui les soutient, du « mode de vie occidental » qui

[110] Hortense Chauvin et Alexandre-Reza Kokabi, « Zemmour, ennemi de l'écologie », *Reporterre*, 13 décembre 2021, [en ligne].

[111] Ce point est le premier de son « programme Environnement » pour 2022.

symboliserait la civilisation du même nom, etc. S'il y a effectivement sous-investissement, alors l'inquiétude devrait être de mise : quelle forme prendra l'appropriation politique de l'écologie par le mouvement fasciste lorsque celui-ci, par l'intermédiaire de ses figures publiques, prendra la crise en cours au sérieux ? Cette dernière accule les sociétés, qui ne pourront pas éternellement se réfugier dans le négationnisme écologique : les nouvelles conditions d'habitabilité de la planète seront tellement différentes que toutes les familles politiques seront forcées de les considérer, dans le monde entier.

Les spécificités idéologiques de l'écofascisme pourraient déboucher sur une autre forme possible du mouvement, complémentaire de l'écologisation de sa forme publique traditionnelle. D'ores et déjà émergente, celle-ci consisterait en une multitude de communautés enracinées dans un territoire dont elles se revendiquent. De telles communautés existent déjà, en France ou à l'étranger[112]. En réponse aux ZAD (zones à défendre) des écologistes radicaux ancrés à gauche[113], les écofascistes envisagent de « reconquérir [leurs] campagnes », afin d'en

[112] Pierre Plottu et Maxime Macé, « Campagne, famille, patrie, l'utopie de certains groupes nationalistes français », *Slate*, 9 novembre 2020, [en ligne].

[113] Sylvaine Bulle, *Irréductibles. Enquête sur des milieux de vie de Bure à N.-D.-des-Landes*, UGA Éditions, 2020.

faire des ZID (zones identitaires à défendre). Dans cette stratégie, les communautés villageoises et les fermes écologiques enracinées apparaissent comme des points d'ancrage pour l'offensive politique qui s'amorce. Ainsi, l'extrême droite prend pleinement part à la dynamique écologiste de retour à la terre, dont les formes concrètes sont extrêmement variables[114]. Toutes les tendances de l'écofascisme semblent investir cette forme communautaire, de l'écologie intégrale à l'écologie néopaïenne : certaines communautés rassemblent même des représentants de ces deux mouvances[115], transcendant ainsi les clivages spirituels pour défendre la civilisation européenne, c'est-à-dire la race blanche.

Deux sources de cette organisation communautaires peuvent être considérées, participant à cette dynamique malgré leurs divergences. La première réside dans l'idéologie écofasciste elle-même, dont la forme idéale d'organisation est communautaire. Ainsi, ces communautés à l'organisation hiérarchique peuvent être rapprochées de l'utopie raciale et agrarienne nazie, qui fondait

[114] Estelle Deléage, « Retour à la terre : entre promesses et contradictions », *Écologie & politique*, vol. 57, n°2, 2018, p. 39-49.

[115] Le mouvement catholique Academia Christiana fait fréquemment intervenir des théoriciens néopaïens dans ses cycles de conférence. En 2021, Laurent Ozon est ainsi intervenu à l'université d'été d'Academia Christiana.

notamment le projet de colonisation de l'Europe de l'Est par le IIIe Reich[116]. Les arguments sont, en effet, convergents : les races européennes, d'origine nordique, seraient d'essence paysanne et sédentaire, enracinées dans leur sol, c'est-à-dire dans la nature qui les a vues naître. La différence entre les deux projets réside dans l'ambition écologique des communautés écofascistes, qui retournent la métaphore naturelle pour lui donner un nouveau sens écologiste. La seconde source réside dans la politisation droitière de l'imaginaire effondriste[117] : la crise écologique se mêle à un fantasme de guerre civile sur fond racial, légitimant les pratiques survivalistes d'autosuffisance alimentaire[118]. Dans les deux cas, la pratique agricole apparaît comme la plus écologique d'entre toutes, parce que fondée sur le lien supposé insécable entre l'humain et la terre.

La ruralité, en tant qu'espace privilégié de l'activité agricole, subit de longue date l'image

---

116 Johann Chapoutot, « La charrue et l'épée. Paysan-soldat, esclavage et colonisation nazie à l'Est (1941-1945) », *Hypothèses*, vol. 10, n°1, 2007, p. 261-270.

117 Pierre Charbonnier, « Splendeurs et misères de la collapsologie. Les impensés du survivalisme de gauche », *Revue du Crieur*, vol. 13, n°2, 2019, p. 88-95.

118 Bertrand Vidal, *Survivalisme : êtes-vous prêts pour la fin du monde ?*, Arkhé, 2018.

d'un terreau fertile pour la politique réactionnaire[119]. Ce stéréotype stigmatise les habitant-es des territoires ruraux, alors muséifiés, comme s'ils étaient figés dans le temps et l'espace, incapables de dépasser leurs traditions. Le mythe de l'enracinement trouve ici sont pendant individuel, la focale étant mise sur la population plus que sur le territoire. L'arriération de la campagne apparaît donc comme un récit à la peau dure, mais cette permanence peut s'expliquer autrement que le simple mépris de la campagne par celles et ceux qui habitent en ville. En effet, ce stéréotype est aussi produit par l'investissement politique, de longue date, de la question paysanne par l'extrême droite : du fascisme français des années 30 au Rassemblement National d'aujourd'hui, la canalisation politique de la supposée colère paysanne est constamment apparue comme une stratégie droitière[120]. L'agriculture biologique contemporaine, par exemple, n'a pas uniquement des origines fascistes, mais elle fut précocement défendue par des fascistes[121] –qui en devinrent

[119] Chloé Gaboriaux, « Quand rural signifiait 'réactionnaire' : le détournement politique du vocabulaire rustique autour de 1871 », *Mots. Les langages du politique*, n°92, 2010.
[120] Paxton, Le Temps des Chemises vertes. Révoltes paysannes et fascisme rural (1929-1939)
[121] Venus Bivar, *Organic Resistance: The Struggle over Industrial Farming in Postwar France*, University of North Carolina Press, 2018.

parfois les principaux promoteurs. Nombre d'arguments désormais courants pour fonder l'alternative biologique ont été construits par l'extrême droite, soucieuse de la préservation de l'ordre naturel. Les alternatives agricoles ne peuvent évidemment pas être réduites à la part sombre de leur histoire, mais celle-ci ne peut pas, à l'inverse, être complètement écartée sur de purs motifs idéologiques. La défense progressiste de la paysannerie nécessite de reconnaître qu'une partie de son histoire récente est fasciste.

Les communautés écofascistes sont complémentaires de la conversion écologiste du mouvement fasciste de masse, parce qu'elles sont une réalisation concrète de la nouvelle utopie écofasciste. La possibilité de l'écofascisme, c'est-à-dire l'avènement d'un régime doublement fasciste et écologiste, se situe précisément dans cette complémentarité. Aujourd'hui, cette perspective est difficile à imaginer, pourtant elle symbolise la dimension spéculative de la vigilance nécessaire : sans faire de bruit, l'écofascisme s'enracine dans le paysage politique, dans les esprits comme dans les pratiques écologiques elles-mêmes. Sa prise au sérieux nécessite de rester attentifs et attentives à l'émergence de formes politiques nouvelles, mais dont le substrat réactionnaire restera inchangé, même si son apparence première est écologique.

Clarifier le discours écologique

Avec l'aggravation de la crise écologique, l'heure serait aujourd'hui au retour de la nature, et surtout de ses lois, généralement considérées comme indépassables par les êtres humains. De fait, la nature serait ce que l'humanité ne peut contrôler, c'est-à-dire ce qui se déroule sans son intervention. Les lois de la nature peuvent prendre deux connotations principales : l'une scientifique, lesdites lois prenant un sens essentiellement descriptif, l'autre mystique, les lois naturelles illustrant dès lors un pouvoir normatif, selon lequel la nature s'apparente à un ordre moral dont toute sortie serait décadente. Cette ambivalence entre science et mysticisme est constitutive du récit de la crise écologique comme « intrusion de Gaïa »[1], cette dernière était à la fois le nom d'une divinité

[1] Isabelle Stengers, *Au temps des catastrophes. Résister à la barbarie qui vient*, La Découverte, 2009.

païenne et celui d'une modélisation scientifique[2]. Les sociétés humaines seraient en réalité bien fragiles face à la nature qu'elles ont longtemps pensé dominer. Cette double conception de la nature par ses lois implacables et tyranniques semble relativement courante dans la population. Cet imaginaire collectif forme un terreau fertile pour le développement idéologique de l'écofascisme, qui donne une véritable substance politique à cette idée de nature. Cet exemple est loin d'être isolé, l'ambivalence du vocabulaire écologiste semblant même généralisée. L'objectif résidait ici dans la mise en évidence des risques que peuvent effectivement porter certains concepts écologistes courants (la nature, la critique de la technique, le rejet du Progrès, le territoire, le local, etc.), risques qui restent encore peu trop considérés. Dès lors, prendre en compte les multiples appropriations politiques droitières de la question écologique, pour mieux s'en distancier, devrait faire partie de toute tentative sérieuse de théorisation d'une écologie politique émancipatrice. La définition restrictive de l'écofascisme proposée dans ce livre entend contribuer à cette nécessaire recherche collective de précision politique. Trancher les débats sur l'ambivalence de nombreux concepts n'est pas seulement la tâche d'un livre, mais bien

[2] Denis Chartier, « Gaïa : hypothèse scientifique, vénération néopaïenne et intrusion », *Géoconfluences*, 2016, [en ligne].

celle du mouvement écologiste lui-même : ce dernier devrait, constamment, faire son autocritique[3].

Il n'y pas de « crise » écologique

Si le fascisme est une réponse à la crise capitaliste, par analogie, l'écofascisme devrait être appréhendé comme une réponse à la crise écologique. Omniprésente dans l'espace public, cette expression se justifie de nombreuses et justes manières, mais pose donc problème sur le plan narratif puisqu'elle légitime l'écofascisme parmi les réponses politiques possibles. La question du récit de la condition écologique contemporaine des sociétés humaines ne peut dès lors se poser qu'en toute conscience du risque écofasciste. Plusieurs éléments doivent être conjointement appréhendés, pour désamorcer les prises narratives de l'écofascisme sur l'imaginaire écologiste.

La transformation matérielle du monde terrestre actuellement en cours n'est pas une « crise » au sens médical d'un « ensemble des phénomènes pathologiques se manifestant de façon brusque et intense, mais pendant une période limitée »[4], pour deux principales raisons. En premier lieu, la situation écologique actuelle n'apparaît pas comme étant limitée à l'échelle temporelle des sociétés

[3] Bernard Charbonneau, *Le feu vert*, op. cit.

[4] Première définition du terme par le Centre National de Ressources Textuelles et Lexicales, [en ligne].

humaines[5]. Le concept d'Anthropocène exprime précisément cette réalité : il s'agirait d'une nouvelle période géologique dépassant largement l'échelle temporelle de l'humanité. Les concepts alternatifs à l'Anthropocène contestent les responsabilités qu'attribue la formulation de ce dernier, mais pas le caractère désormais permanent de la situation écologique considérée. En second lieu, la situation écologique est effectivement intense, mais certainement pas brusque : elle résulte d'une longue histoire environnementale, déjà largement documentée, de l'évolution des rapports entre nature et société lors des derniers siècles. Détaillées précédemment, des controverses existent concernant l'analyse de cette profondeur historique, renvoyant à nouveau aux débats autour du concept d'Anthropocène.

En matière écologique, abandonner l'idée de crise apparaît donc comme une exigence aussi bien scientifique (en raison des données sur l'état dégradé du système Terre) que politique (la dégradation continue de la situation terrestre appelant un changement politique sans précédent). L'abandon ne pourra être complet, car l'usage du concept ne pourra être restreint. Il pourrait

[5] Le seul référentiel temporel à considérer ici est bien celui des sociétés humaines. Autrement, dans l'absolu, toute période peut être considérée « limitée » tant les inconnues pouvant mettre fin à ladite période sont nombreuses.

cependant être pertinent de ne plus la mobiliser lorsque cela est possible ; lui préférant d'autres concepts aux implications politiques différentes. Si l'idée que notre condition écologique serait actuellement en « crise » disparaît de l'imaginaire collectif, alors l'écologie autoritaire, voire l'éco-fascisme auront plus de difficultés pour apparaître comme des réponses adaptées à la nature du problème écologique.

Les conditions d'une sortie rapide du carbofascisme

À mesure que la crise écologique s'aggrave, la partie la plus visible de l'extrême droite se radicalise dans son climatonégationnisme[6]. Ses objectifs politiques convergeant avec les intérêts économiques du capital fossile, aucune réorientation écologique du fascisme ne semble possible. Difficile, pourtant, d'imaginer que ce déni de réalité se maintienne indéfiniment. Plus la crise en cours sera grave, plus les forces politiques en présence devront s'y adapter, dans leurs programmes, également sur le plan idéologique. Les lectures matérialistes du fascisme se centrant sur l'intérêt économique de la bourgeoisie à le soutenir en contexte de crise capitaliste ne permettent pas de

[6] Zetkin Collective, *Fascisme fossile*, op. cit.

comprendre en profondeur la menace écofasciste : le problème de la bourgeoise avec l'écologie n'est pas qu'elle puisse prendre des formes autoritaires, mais qu'elle renverse leurs intérêts économiques. Il ne faut toutefois pas concevoir l'écofascisme comme une réorientation facile de la tentation fasciste pour la bourgeoisie : c'est une solution de repli pour verrouiller l'ordre social, dans un contexte d'aggravation de la crise écologique dans lequel la survivance du capitalisme serait sérieusement compromise. Ainsi, ce verrouillage ne prend pas une forme économique classique, caractéristique d'un système basé sur la croissance, mais il reste bien central dans le projet (éco)fasciste. L'objectif consiste bien à conserver des intérêts sociaux existants, sous une forme peut-être légèrement différente.

Paradoxalement, le carbofascisme pourrait rapidement se transformer en écofascisme. Devant l'impossible continuité de l'exploitation capitaliste, le maintien de l'ordre social pourrait sortir du champ économique pour être garanti par d'autres verrous de domination sociale. Alors qu'elle développait un argumentaire ouvertement hostile à l'écologie politique, la Nouvelle Droite s'y est rapidement convertie lorsque la gravité de la situation écologique lui est devenue évidente. La

« nature » n'apparaissait initialement qu'en tant que métaphore fondant l'ordre social, elle est également la source géographique de cet ordre, et doit être protégée pour sa valeur intrinsèque. Ce retournement de la métaphore naturelle, propre à l'écofascisme, pourrait être réalisé par les forces carbofascistes actuelles. En effet, l'idée de nature est fréquemment mobilisée pour son pouvoir symbolique, y compris par les fascistes hostiles à l'écologie. Des thèmes néodroitiers majeurs, comme ceux de l'identité et du grand remplacement, se sont également imposés dans l'espace médiatique, bien au-delà du mouvement fasciste[7]. Ces éléments apparaissent comme autant de prédispositions du fascisme non écologique au retournement écofasciste de la métaphore naturelle.

L'évident retard des organisations fascistes, ou plus largement d'extrême droite, sur la question écologique est une chance qu'il ne faut pas laisser passer : empêcher leur écologisation, en rendant matériellement inopérantes les idées écofascistes, devrait être un objectif commun des écologistes et antifascistes à court et moyen termes. Cette tâche passe aussi par une clarification du discours écologique, contre l'ambiguïté

[7] Yannick Cahuzac et Stéphane François, « Les stratégies de communication de la mouvance identitaire », *Questions de communication*, n°23, 2013, p. 275-292.

volontaire de l'écofascisme, qui capitalise sur les différentes formes de fascisation de l'écologie.

L'insuffisance d'une nouvelle culture écologique

Terreau idéologique de l'écofascisme contemporain, la mouvance de la Nouvelle Droite s'est lancée dans une véritable guerre culturelle. L'objectif de cette stratégie métapolitique consistait à implanter, dans l'imaginaire collectif, des valeurs conservatrices sur le long terme ; au rang desquelles se trouve l'écologie. Ce gramscisme de droite n'ambitionne pas l'accaparement du pouvoir à court terme, mais cherche plutôt à préparer les conditions culturelles de l'avènement d'un nouveau régime réactionnaire. Le déploiement d'une nouvelle « culture écologique »[8] pourrait dès lors apparaître comme une réponse pertinente à la stratégie néodroitière, dont elle est le miroir progressiste, en s'engageant dans le combat culturel qu'elle nourrit.

---

[8] Pierre Charbonnier, *Culture écologique*, Presses de Sciences Po, 2022. Le panorama des pensées écologistes que l'ouvrage propose a un intérêt certain, mais le positionnement conclusif concernant la construction d'une « culture écologique » mérite d'être discuté.

L'insuffisance de cette proposition réside précisément dans sa construction (involontairement, semble-t-il) en miroir : la culture écologique défendue repose sur l'idée très verticale d'une « alphabétisation écologique de la société », en particulier de ses élites dirigeantes. Sans autre précision de ce que recouvre ce projet, le savoir écologique apparaît de fait comme un domaine réservé aux experts, qui en transmettraient quelques bribes à la population lorsque cela s'avère nécessaire. Acculturer les élites au problème écologique s'égare dans l'idéalisme, réduisant l'inaction écologique à une trop faible conscience, dans la classe dirigeante, du risque politique que représente la crise actuelle. La nécessité d'une culture écologique progressiste est indiscutable, en particulier quand s'enracine, face à elle, une culture écologique réactionnaire. Construire la première doit alors trancher radicalement avec l'histoire de la seconde, c'est-à-dire rompre avec la verticalité du savoir écologique en défendant, au contraire, sa perpétuelle construction collective et démocratique. Celle-ci ne pourra pleinement se faire qu'en-dehors des grandes écoles, qui pavent davantage la route à la technocratie verte qu'à une véritable société écologique.

Penser et agir sans la nature

L'écofascisme repose sur une certaine idée de la nature, alors conçue comme un ordre, dont le dépassement des bornes entraînerait une forme de décadence. En pleine crise politique et écologique, la société moderne se trouverait précisément dans cette situation déliquescente. Cette référence morale à la nature, pour justifier une théorie sociale hiérarchique, s'oppose à d'autres références morales à la nature, qui mobilisent celle-ci, pour, au contraire, défendre l'égalité universelle entre tous les êtres humains[9]. La compréhension de cette fonction idéologique particulière de l'idée de nature pour l'écofascisme permet de porter un nouveau regard sur les débats écologistes sur la suite à donner au dualisme moderne séparant la nature de la société[10].

Depuis plusieurs décennies, la théorie sociale écologique a investi la possibilité de sortir du grand

---

[9] Lorraine Daston, *After Nature*, op. cit.

[10] Descartes est souvent considéré comme le principal représentant de ce grand partage, depuis sa citation selon laquelle nous, êtres humains, devrions « nous rendre comme maîtres et possesseurs de la nature ». Patricia Zander, « Écologie politique : des origines aux développements en France », p. 93-102, in Aurélie Choné, Isabelle Hajek et Philippe Hamman (dir.), *Guide des humanités environnementales*, Presses universitaires du Septentrion, 2016.

partage[11]. Cette sortie a naturellement débouché sur un nébuleux projet de refondation métaphysique, fondé sur la critique de la prétention moderne à considérer comme purement naturels ou purement sociaux des sujets/objets pourtant hybrides[12]. De nombreux travaux, notamment en anthropologie de l'environnement, ont dès lors mis en évidence le caractère situé, géographiquement, de cette ontologie occidentale, généralement désignée comme naturaliste[13]. En effet, d'autres manières d'être au monde et de concevoir ce dernier existent, en dehors du continent européen, et méritent une sérieuse considération pour ce qu'elles sont, en propre[14]. Ce tournant ontologique a entraîné de nombreux travaux en anthropologie[15], puis dans

---

[11] Bruno Latour, *Nous n'avons jamais été modernes*, op. cit. Avant Latour, des théoriciennes écoféministes avaient déjà entamé ce travail, voir l'anthologie réalisée par Emilie Hache, *Reclaim: recueil de textes écoféministes*, Cambourakis, 2016. Voir également le travail pionnier de Carolyn Merchant, *La Mort de la nature. Les femmes, l'écologie et la Révolution scientifique*, Wildproject, 2021 (1980).

[12] Bruno Latour, *Politiques de la nature. Faire entrer les sciences en démocratie*, La Découverte, 1999.

[13] Philippe Descola, *Par-delà nature et culture*, op. cit.

[14] Arturo Escobar, *Sentir-penser avec la terre*, op. cit.

[15] Elise Demeulenaere, « L'anthropologie au-delà de l'anthropos. Un récit par les marges de la discipline », p. 43-73, in Guillaume Blanc, Elise Demeulenaere et Wolf Feuerhahn (dir.), *Humanités environnementales. Enquêtes et contre-enquêtes*, Publications de la Sorbonne, 2017.

l'ensemble des sciences sociales : sortir du dualisme nature-société est devenu un lieu commun, parfois même un mot d'ordre, voire un réflexe épistémique. L'idée de nature devait être abandonnée pour son (irréfutable) occidentalocentrisme, qui justifie d'adopter une perspective décentrée pour décrire et analyser le monde[16].

Ce programme postdualiste a provoqué quelques remous dans la théorie marxiste, qui s'est divisée dans son appréhension[17]. L'idée de nature a notamment été considérée comme une nécessité idéologique pour l'établissement de l'exploitation capitaliste de la force de travail , qu'elle soit humaine ou non humaine[18]. Le dualisme s'apparenterait ainsi à une nouvelle contradiction interne au capitalisme, qui justifierait la domination sociale[19].

---

[16] Le postdualisme s'inscrit ainsi parmi les nombreux héritages des théories d'épistémologie féministe sur l'importance du « point de vue » dans la production de connaissance, voir l'article introductif et synthétique d'Artemisa Flores Espínola, « Subjectivité et connaissance : réflexions sur les épistémologies du 'point de vue' », *Cahiers du Genre*, vol. 53, n°2, 2012, p. 99-120.

[17] Armel Campagne, « Le choc des éco-marxismes face au dérèglement climatique », *Terrestres*, 2020, [en ligne].

[18] Jason W. Moore, *Le capitalisme dans la toile de la vie*, op. cit.

[19] Raj Patel et Jason W. Moore, *Comment notre monde est devenu cheap*, op. cit.

D'autres théoriciens écomarxistes ont, à l'inverse, considéré que le postdualisme était beaucoup trop plastique, avec de graves conséquences politiques[20]. Les sciences sociales se seraient engouffrées un peu vite dans l'abandon de l'idée de nature, sacrifiant avec elle la légitimité de la connaissance scientifique qui y était associée ; au point de fonder, parfois, des positions antiscientifiques. La critique écomarxiste ne conteste par l'abandon du dualisme cartésien, mais défend un naturalisme critique hérité de Marx[21] : nature et société font bien partie d'une même réalité matérielle, mais leurs caractéristiques sont différentes – il est ainsi question d'un « monisme de substance » mais d'un « dualisme de propriétés »[22]. Ainsi, la nature se caractériserait par son altérité[23], ou plutôt son autonomie vis-à-vis des actions humaines. Elle serait le dehors nécessaire des sociétés humaines voulant résoudre le problème écologique[24]. L'objectif de cette refondation théorique du dualisme nature/société consiste à mettre en évidence les paramètres sur lesquels les sociétés peuvent agir (paramètres

---

[20] Andreas Malm, *The Progress of This Storm*, op. cit.

[21] Timothée Haug, « Le naturalisme critique de Marx et l'écologie », *La Pensée*, vol. 394, n°2, 2018, p. 64-77.

[22] Andreas Malm, *The Progress of This Storm*, op. cit.

[23] Virginie Maris, *La part sauvage du monde*, op. cit.

[24] Frédéric Neyrat, *La part inconstructible de la Terre. Critique du géo-constructivisme*, Le Seuil, 2016.

sociaux) de ceux sur lesquels elles n'ont pas de prises (paramètres naturels).

La force explicative du naturalisme critique est évidente, mais sa définition de la nature comme réalité autonome de l'humanité offre, malgré les précautions, des prises aux références réactionnaires à la nature comme ordre moral. Les écofascistes considèrent en effet les théories constructivistes comme des négations de la réalité biologique en matière raciale et sexuelle. L'enjeu politique réside finalement dans la délimitation de la nature, c'est-à-dire dans l'identification de ce qui est effectivement autonome des humain·es et de leurs relations sociales. La lutte contre les dominations sociales ne peut se satisfaire d'une lutte entre réactionnaires et progressistes sur le curseur du constructivisme : le risque est de laisser la porte ouverte aux réductions à la nature de ces dominations, en n'éradiquant pas leur substrat biologique. Adopter, en matière écologique, la perspective du réalisme critique pourrait permettre d'écarter le danger constitutif des débats actuels[25]. Par son irréductible altérité, la nature existe bel et

---

[25] Le principal théoricien du réalisme critique est le philosophe des sciences Roy Bhaskar. Pour une présentation de cette théorie, voire Margaret Archer et Frédéric Vandenberghe (dir.), *Le réalisme critique. Une nouvelle ontologie pour la sociologie*, Le Bord de l'Eau, 2019.

bien sur le plan ontologique, mais reste, sur le plan épistémologique, une représentation sociale. Les êtres humains ne peuvent pas s'extraire de cette dernière, inséparable de leur manière d'être au monde. Autrement dit, la réalité ne se confond pas avec sa représentation[26] : celle-ci ne résulte pas seulement d'une perception directe, mais est également conditionnée socialement. Fonder une théorie sociale et écologique sur des références morales à la nature ne peut que s'appuyer sur d'abusives simplifications de celle-ci, dont le résultat s'avère souvent être la légitimation de la domination d'un groupe social sur les autres.

Prendre au sérieux le tournant territorial

L'éclatement géographique de l'écologie politique apparaît comme une double nécessité. D'une part, le ravage écologique est profondément différencié sur le plan territorial : derrière sa réalité globale se cache une multitude de situations locales particulières, pour laquelle il n'existe pas de réponse générique. Prêter attention à la spécificité des configurations territoriales apparaît ainsi comme un impératif écologiste. D'autre part, le mouvement écologiste a pleinement investi, de

---

[26] Gérard Chouquer, « Nature, environnement et paysage au carrefour des théories », *Études rurales*, n°157-158, 2001, p. 235-252.

manière explicite, le territoire comme échelle privilégiée de lutte[27]. Il s'agit à la fois de lutter contre l'implantation de « grands projets inutiles et imposés »[28] et de construire de nouvelles formes de vie, dans une recherche d'autonomie politique[29]. Ces deux réalités géographiques – la fragmentation du désastre écologique comme la réponse à celui-ci, constituent ce qu'il convient de considérer comme un tournant territorial de l'écologie politique, c'est-à-dire une prise en compte du territoire dans la pensée écologique.

Cet investissement écologiste du territoire ; en tant que concept, mais aussi en tant qu'espace, est souvent présenté comme une véritable nouveauté politique. Il s'agirait notamment d'une subversion de vieux concepts politiques (comme celui de capitalisme), dont la crise écologique reconfigurerait le sens[30]. L'extrême droite serait alors

[27] Aurélien Berlan, « Entre contestation et cogestion, les luttes territoriales face à l'État. Le cas de la lutte contre le barrage du Testet à Sivens », *Écologie & politique*, vol. 53, n°2, 2016, p. 105-128. Jean-Baptiste Vidalou, « Luttes territoriales contre infrastructures énergétiques », *Multitudes*, vol. 78, n° 1, 2020, p. 20-27.

[28] Des plumes dans le goudron, *Résister aux grands projets inutiles et imposés. De Notre-Dame-des-Landes à Bure*, Textuel, 2018.

[29] Sylvaine Bulle, *Irréductibles*, op. cit.

[30] Bruno Latour, *Où atterrir ? Comment s'orienter en politique*, La Découverte, 2017.

prise de vitesse par la mutation écologique, dont la dimension territoriale rebattrait complètement les cartes du jeu politique. En réalité, la théorie politique écologiste a plutôt un temps de retard qu'un temps d'avance : en matière écologique, l'extrême droite s'est déjà saisie de la question territoriale, du moins, sur le plan idéologique. Se pensant précurseur, le nouvel investissement écologiste du territoire s'égare en réalité dans une malheureuse réinvention de la roue : alors que le concept est absolument central en géographie depuis plusieurs décennies, aucun-e représentant-e de cette discipline ne semble prendre part au « tournant territorial » de la pensée écologique[31]. Leurs travaux sont tout bonnement ignorés, les théoricien-nes écologistes retravaillant de manière simpliste le concept de territoire. Le problème de cette démarche ne réside pas dans les rivalités disciplinaires qu'elle reconduit, mais bien dans le danger induit par le délaissement de la science géographique pour penser le territoire et l'attachement à l'échelle locale. Plusieurs problèmes émergent alors. L'absence de précautions avec le « piège du local »[32] est le premier d'entre eux :

[31] Aucun·e géographe n'est intervenu·e au colloque international « Attachements aux territoires ? Réflexions et luttes actuelles » organisé à Liège du 23 au 25 octobre 2019.

[32] Mark Purcell, « Urban Democracy and the Local Trap », *Urban Studies*, vol. 43, n°11, 2006, p. 1921-1941.

l'échelle locale est en effet considérée comme intrinsèquement porteuse de bénéfices sociaux et environnementaux[33]. Le slogan « penser global, agir local » représente bien cette priorité automatiquement accordée au territoire dans le cadre d'une lutte contre un problème planétaire. Ainsi, même lorsque celle-ci est articulée aux échelles supérieures (régionale, nationale, internationale, globale), l'échelle locale reste un simple contenant pour les interactions sociales, dont caractéristiques seraient fixes. Au contraire, penser les échelles comme des productions sociales, visant un projet politique particulier, permettrait d'éviter le piège du local. Un autre problème de la dynamique écologiste vantant l'attachement au territoire réside dans l'absence de réel contenu idéologique de cet attachement. Les notions d'enracinement, d'ancrage ou d'appropriation ont en effet des implications politiques considérablement différentes[34]. Donner un véritable contenu territorial à l'écologie politique ne peut légitimement pas se faire sans intégrer des précisions géographiques issues des

---

[33] J. Christopher Brown et Mark Purcell, « The's nothing inherent about scale: political ecology, the local trap, and the politics of development in the Brazilian Amazon », *Geoforum*, vol. 36, 2005, p. 607-624

[34] Debarbieux, Bernard. « Enracinement – Ancrage – Amarrage : raviver les métaphores », L'Espace géographique, vol. 43, n°1, 2014, p. 68-80.

débats centenaires sur la question – restituer ces débats dans toute leur profondeur apparaît comme une importante limite de l'interdisciplinarité[35], académique comme militante. Suivant l'évolution de leur discipline, des géographes ont proposé l'idée d'un post-déterminisme environnemental, afin de réintégrer la question géographique dans le débat écologiste[36]. Concrètement, l'objectif doit être de désamorcer les conceptions du territoire par l'enracinement des populations qui l'habitent, en mettant en évidence la manière dont celles-ci s'approprient l'espace en l'aménageant. Toutes les propositions de meilleure appréhension du territoire par les écologistes doivent considérer le risque écofasciste et son appréhension très spécifique, par l'idée d'enracinement, de cette échelle particulière.

Il ne suffit pas de mentionner l'efficacité descriptive et performative du matérialisme historique, pour donner une matérialité au territoire

[35] Guillaume Blanc, Elise Demeulenaere et Wolf Feuerhahn, « Difficile interdisciplinarité », p. 271-275, in Guillaume Blanc, Elise Demeulenaere et Wolf Feuerhahn (dir.), *Humanités environnementales. Enquêtes et contre-enquêtes*, Publications de la Sorbonne, 2017.

[36] Denis Chartier, Estienne Rodary, « Géographie, écologie, politique. Un climat de changement », p. 13-56, in Denis Chartier, Estienne Rodary (dir.), *Manifeste pour une géographie environnementale. Géographie, écologie, politique*, Presses de Sciences Po, 2016.

inscrire l'idée de classe écologique à la suite de la théorie marxiste[37]. Sa définition n'est pas matérialiste, mais bien idéaliste, puisque la classe écologique est définie par la conscience du problème écologique et l'engagement politique qui en découle plutôt que par une position sociale, par exemple dans le système de production. Celui-ci en vient même à être présenté comme une conception dépassée du matérialisme, qui serait alors centré sur les rapports sociaux entre humain-es en délaissant ceux qui existent également avec les nonhumains; selon ce qu'il convient d'appeler la « socialité-plus-qu'humaine »[38]. Donner une substance écologique au concept de classe ne devrait pourtant pas conduire à le remplacer complètement parce qu'il serait obsolète, mais bien à le préciser en considérant la fragmentation territoriale des situations environnementales des classes sociales. L'écologie politique complexifie la situation, là où la position sociale n'est plus la seule coordonnée à prendre en compte, la position écologique devenant désormais importante. Compléter la dimension sociale de la lutte des

[37] Bruno Latour et Nikolaj Schultz, *Mémo sur la nouvelle classe écologique. Comment faire émerger une classe écologique consciente et fière d'elle-même*, La Découverte, 2022.
[38] Anna L. Tsing, « More-than-Human Sociality: A Call for Critical Description », p. 27-42, in Kirsten Hastrup, *Anthropology and Nature*, Routledge, 2013.

classes d'une dimension spatiale et environnementale apparaît ainsi comme une perspective intéressante, mais loin d'être novatrice. Au contraire, ce lieu désormais commun de la géographie critique contemporaine trouve sa source dans divers travaux, notamment ceux du penseur marxiste Henri Lefebvre. Sa théorie de « la production de l'espace » donne en effet une substance géographique aux théories marxistes[39], au point de nourrir le développement de nouveaux champs entiers[40]. Au départ, la thèse lefebvrienne est avant tout spatiale, mais son ouverture facilite l'étude de la production écologique de l'espace. Très tôt, les écologistes ont effectivement proposé des analyses fondamentalement géographiques de certains problèmes environnementaux. Le mouvement pour la justice environnementale fut particulièrement actif en la matière, d'abord par des analyses militantes avant son institutionnalisation académique[41]. Son principal accomplissement réside dans la caractérisation systématique d'un racisme environnemental, laissant apparaitre que la production écologique de l'espace reflète

[39] Henri Lefebvre, *La production de l'espace*, op. cit.

[40] Claire Revol, « Le succès de Lefebvre dans les urban studies anglo-saxonnes et les conditions de sa redécouverte en France », *L'Homme & la Société*, vol. 185-186, n°3-4, 2012, p. 105-118.

[41] Lydie Laigle et Sophie Moreau, *Justice et environnement. Les citoyens interpellent le politique*, Infolio, 2018.

souvent l'ordre racial selon lequel sont structurées les sociétés occidentales contemporaines[42]. Même dans les travaux francophones sur la question, les exemples mobilisés sont souvent nord-américains, évoquant la situation environnementale dégradée de populations noires et hispaniques[43]. Cette distance géographique masque les formes spécifiques que prend le racisme environnemental en France. Une enquête récente met notamment en évidence le racisme antitzigane qui régit la localisation des aires d'accueil dans les communes françaises : les communautés de voyageurs sont presque systématiquement forcées de s'installer sur des sites pollués (par des déchets, notamment), à l'écart des centres-villes et de leurs services urbains[44]. Partout, de telles enquêtes doivent être menées pour révéler la dimension territoriale et politique, souvent dissimulée, du problème écologique. En définitive, la « prodigieuse extension du matérialisme[45] » par la territorialisation de l'écologie politique semble donc engagée depuis plusieurs décennies déjà. Pour lutter contre le déterminisme environnemental favorable à l'écofascisme, elle

---

[42] Razmig Keucheyan, *La nature est un champ de bataille. Essai d'écologie politique*, Zones, 2014.

[43] Lydie Laigle et Sophie Moreau, *Justice et environnement*, op. cit.

[44] William Acker, *Où sont les « gens du voyage » ? Inventaire critique des aires d'accueil*, Éditions du commun, 2021.

[45] Bruno Latour et Nikolaj Schultz, *Mémo sur la nouvelle classe écologique*, op. cit.

doit absolument se poursuivre, dans le contexte particulier d'une situation écologique qui se dégrade toujours plus vite.

Politiques de la mesure

La sortie du capitalisme est une condition nécessaire, mais pas suffisante pour construire une société écologique libérée de toute forme sociale de domination. L'anticapitalisme, à lui seul, ne dit rien du caractère émancipateur ou aliénant d'une pensée ou d'une mobilisation. La meilleure preuve réside dans les revendications d'anticapitalisme écologique de différentes formes d'éco-fascisme. Pour éviter un tel bourbier, un contenu positif doit également être donné, ce que se sont employés à faire les théoricien·nes progressistes de la décroissance. La nécessité physique d'une décroissance de la production énergétique et matérielle est un mot d'ordre général, qui ne dit encore rien sur la structure économique et infrastructurelle sous-tendant la transformation écologique de la société. Au sommet de la hiérarchie sociale, la classe bourgeoise, propriétaire des moyens de production, affiche sa logique hostilité au projet décroissant. Dès lors, celle-ci ne peut devenir un projet société dans le cadre étriqué des démocraties libérales modernes, au sein desquelles le gouvernement politique n'est pas programmatique, mais tristement délégataire. Bien plus radicale que leur écologisation, c'est d'une profonde transformation politique qu'ont actuellement besoin les sociétés humaines pour rendre mettre en œuvre la décroissance matérielle nécessaire. Cette transformation repose sur l'abolition préalable de la société de classes. Sans cette étape, la décroissance restera une affaire de politiques publiques désindexées du PIB[46], sans grand impact sur la poursuite de la course au profit, tant qu'il reste de la main-d'œuvre à exploiter.

Le projet décroissant doit explicitement sortir de l'économicisme pour prendre la forme d'une véritable voie politique. Il repose sur un double réencastrement : celui de l'économie dans son socle matériel (la décroissance comme rematérialisation de l'économie), celui de la décroissance dans un véritable projet politique (pour éviter l'économicisme). Théoricien précoce de la décroissance, André Gorz déconnecte croissance et capitalisme : il considère comme possible l'existence d'un capitalisme sans croissance et d'une croissance sans capitalisme[47]. Sa perspective écosocialiste apparaît alors hostile au productivisme sous toutes ses formes. Ce projet passe alors par la défense de l'autolimitation des besoins

---

[46] Telle est par exemple la décroissance défendue par l'ancienne ministre Delphine Batho.

[47] André Gorz, *Écologie et liberté*, op. cit.

de la collectivité, contre la définition experte de ces besoins. Il n'y a qu'ainsi que peut se déployer une décroissance juste, par un réencastrement de la décroissance dans un projet politique fondé sur une théorie sociale explicite, plutôt que sur des aspirations ésotériques partagées par une minorité. Certains secteurs de l'économie devront être abandonnés pour des raisons écologiques, leurs infrastructures devant elles aussi faire l'objet d'une attention particulière de la part des écologistes[48].

Plutôt que de fantasmées limites naturelles au développement économique et géographique des sociétés humaines, il est ici question d'un sens collectif de la mesure devant les possibilités qui se présentent. Ce sens de la mesure laisse une place importante à la science, en tant qu'institution collectivement productrice de savoirs sur l'état écologique du monde. Concevoir des politiques de la mesure (et non des limites) prend ainsi acte des frontières planétaires (et non des limites) au sein desquelles s'inscrivent les activités humaines[49], afin de faire coïncider celles-ci, de manière durable, avec les possibilités planétaires. Aucun ordre naturel, qu'il soit moral ou spirituel, n'est ici considéré comme indépassable.

---

[48] Alexandre Monnin, Emmanuel Bonnet et Diego Landivar, *Héritage et fermeture*, op. cit.

[49] Aurélien Boutaud et Natacha Gondran, *Les limites planétaires*, La Découverte, 2020.

L'enjeu consiste surtout à proportionner les prélèvements et les rejets anthropiques dans l'environnement en consiédérant les besoins humains autolimités. La mesure n'est ainsi pas qu'une affaire politique : la communauté scientifique devra donner des indications sur les frontières écologiques à respecter, à toutes les échelles géographiques, afin que les institutions publiques et démocratiques puissent en tenir compte.

Vers une société écologique (plutôt que des communautés enracinées)

La désignation d'un projet politique donne d'importantes indications sur la structure sociale et territoriale qui le fonde. En pratique, les projets écofascistes et écologistes libertaires pourraient parfois sembler convergents : tous deux défendent le déploiement de communautés écologiques locales, plus respectueuses de la nature, car rejetant les impératifs productivistes. Les deux projets se distinguent pourtant radicalement, dans leur conception de l'écologie, mais aussi de l'organisation juste et optimale de l'humanité. Les communautés écofascistes se caractérisent par l'enracinement de leurs membres, selon une métaphore écologique et raciale précédemment analysée. La société est alors appréhendée comme une forme moderne d'organisation humaine, qui porterait les germes de sa version industrielle, responsable de la crise écologique.

Dès lors, parler de société écologique n'est pas anodin. L'expression fait même directement référence à l'histoire socialiste et libertaire de l'écologie politique, en France comme à l'étranger[50]. Ainsi, une société écologique « intègre[rait] le plus possible l'impératif d'un respect de la « nature » et de la biodiversité au nombre de ses objectifs et de ses valeurs cardinales, en plus de la liberté, de l'égalité et de la solidarité sociale »[51]. Une telle société serait complètement ouverte, tournée vers la recherche d'une émancipation sociale effective, contre l'idéal racial que représentent les communautés écofascistes enracinées. En 1973, Murray Bookchin considérait déjà qu'un tel projet de société écologique « implique un renversement radical de toutes les tendances qui ont marqué le développement historique de la technologie capitaliste et le la société bourgeoise : la spécialisation à outrance des machines et du travail, la concentration des ressources et des hommes en des agglomérations et des entreprises

---

[50] Serge Audier, *La société écologique et ses ennemis. Pour une histoire alternative de l'émancipation*, La Découverte, 2017.

[51] Ibid, p. 22.

industrielles gigantesques, l'étatisation et la bureaucratisation de l'existence, le divorce entre la ville et la campagne, la transformation de la nature et des êtres humains en objets »[52]. Ce panorama inclut la lutte contre toutes les formes sociales de domination, centrale dans la théorie politique de l'écologie sociale[53]. Cette dimension émancipatrice de la société écologique doit véritablement devenir encore plus explicite, afin de prévenir toutes appropriations réactionnaires de celle-ci. L'insidieuse menace écofasciste contemporaine rend plus qu'urgente une telle actualisation de ce projet politique.

[52] Murray Bookchin, « Vers une société écologique », conférence prononcée en 1973, reprise dans *Towards an Ecological Society*, Black Rose Books, 1980. En français, voir Murray Bookchin, *Pouvoir de détruire, pouvoir de créer : vers une écologie sociale et libertaire*, L'échappée, 2019, p. 57-75.
[53] Dimitri Roussopoulos, *L'écologie politique, au-delà de l'environnementalisme*, Écosociété, 2018 (1994).

Table des matières

Politiques de l'écologie p.3
Fascisations de l'écologie p.19
Écologisations du fascisme p.77
La nature de l'écofascisme p.135
Clarifier le discours écologique p.189

numérique

Impression & brochage - France
Numéro d'impression : N28905220302 - Achevé d'imprimer : avril 2022
Dépôt légal : avril 2022

IMPRIM'VERT®